国家级一流本科课程配套教材

K

《会计学》
习题与案例（第二版）

主　编　李秀玉　潘秀芹　李爽
副主编　袁玉娟

中国财经出版传媒集团

经济科学出版社
Economic Science Press

·北京·

图书在版编目（CIP）数据

《会计学》习题与案例/李秀玉，潘秀芹，李爽主编．--2版．--北京：经济科学出版社，2024.6.
（国家级一流本科课程配套教材）．--ISBN 978-7-5218-5990-4

Ⅰ.①F230

中国国家版本馆 CIP 数据核字第 2024P0X017 号

责任编辑：冯　蓉
责任校对：王肖楠
责任印制：范　艳

《会计学》习题与案例（第二版）
〈KUAI JI XUE〉XITI YU ANLI（DI ER BAN）
李秀玉　潘秀芹　李　爽　主编
袁玉娟　副主编
经济科学出版社出版、发行　新华书店经销
社址：北京市海淀区阜成路甲 28 号　邮编：100142
总编部电话：010-88191217　发行部电话：010-88191522
网址：www.esp.com.cn
电子邮箱：esp@esp.com.cn
天猫网店：经济科学出版社旗舰店
网址：http://jjkxcbs.tmall.com
北京季蜂印刷有限公司印装
787×1092　16 开　11.25 印张　215000 字
2024 年 6 月第 2 版　2024 年 6 月第 1 次印刷
印数：0001—8000 册
ISBN 978-7-5218-5990-4　定价：36.00 元
（图书出现印装问题，本社负责调换。电话：010-88191545）
（版权所有　侵权必究　打击盗版　举报热线：010-88191661
QQ：2242791300　营销中心电话：010-88191537
电子邮箱：dbts@esp.com.cn）

前　　言

《会计学（第二版）》编委会编写此套《〈会计学〉习题与案例（第二版）》，旨在通过习题和案例分析增加学生的会计实践能力，以便更好地理解和巩固会计学知识。

本书为方便学生使用，在内容顺序上，基本上与《会计学（第二版）》教材的顺序一致，使学生每学完一章，即可安排练习，巩固所学。在组织内容时力求遵循以下原则：一是为快速让学生掌握基本知识点，第一部分编排了每章要点速览，将最基础最核心的要点，进行总结，读者可通过阅读本章要点速览，快速巩固本章核心内容。二是设计了单项选择题、多项选择题、判断题、业务题、复习思考题和案例分析题等多种题型，使读者通过练习达到实践能力的提升。三是在案例分析部分，增加了上市公司案例分析，引导学生关注上市公司案例，多挖掘课外资料，结合课内所学，进行综合分析，以便更好地提升学生综合实践能力。四是每部分练习都在后面附有参考答案，以便核对。五是附有两份模拟测试题，以便考查学生对会计学知识的综合运用能力。

本书由李秀玉、潘秀芹、李爽担任主编，袁玉娟任副主编。各章编写人员是：第一、二、八章由潘秀芹副教授编写；第三、四章由李秀玉副教授编写；第五、六章由李爽教授编写；第七章由袁玉娟副教授编写。

广大读者的支持与帮助是我们提升改编质量的重要保证，限于编写者的视野和水平，疏漏在所难免，希望读者批评指正，并及时反馈我们，以便此书再版时修正。

目　　录

第一章　会计导论

一、本章要点速览

本章的重点是理解会计概念框架，其中会计前提条件、会计信息质量、会计要素、会计确认的基础、会计计量等。难点是会计要素，会计等式与财务报表。

（一）会计的历史沿革

会计有着悠久的历史，其萌芽可以追溯到传说时代的"结绳记事""刻符记事""绘图记事"。在中国，目前所见"会计"一词的最早记载是在西周时期。《周礼·天官》中记载："司会掌邦之六典、八法、八则……而听其会。"清代焦循在《孟子正义》中更明确地指出："会，大计也。然则零星算之为计，总合算之为会。"唐宋时期，四柱结算法已流行于民间："旧管＋新收－开除＝实在。"明清时期，又出现了"龙门账"，把全部账目划分为"进""缴""存""该"四大类，并运用"进－缴＝存－该"的平衡式检验账目、计算盈亏、编制"进缴表"和"存该表"。同时期的欧洲，早已发生会计的变革，最具代表性的当属威尼斯的复式记账法（double entry bookkeeping）。这一方法由15世纪欧洲最著名的数学家卢卡·帕乔利在《算术、几何、比及比例概要》中总结，后又传至世界各地，也就是至今日仍通行于全球的借贷复式记账法。西方的复式记账法在明清开始传入中国。解放初期，为了适应高度集中的计划经济模式，我国借鉴和引进苏联的会计核算模式，直到1992年的会计改革。2006年2月，随着1个基本会计准则和38个具体会计准则的颁布，意味着一个既有中国特色又体现国际会计惯例的创新型会计模式的正式诞生，标志着我国会计制度已基本实现了与国际会计标准的实质性趋同。到2017年，已经完成了42个具体准则的发布和修订，至此，中国的《企业会计准则》与《国际财务报告准则》的趋同程度进一步加强。

（二）会计概念

会计是一个货币性经济信息系统，从企业本质和企业管理角度理解，会计也是一项管理活动。会计的主要职能是核算和监督。

会计对象是指会计核算和监督的内容。生产过程就是会计所要核算和监督的内容，就是会计最一般、最概括的对象。

（三）会计概念框架

会计概念框架是一个由会计目标和与之相联系的基本会计概念组成的协调一致的概念体系。它是用来制定、完善会计准则和解释、指导会计实践的基本理论基础，包括会计目标、会计假设、会计要素以及会计确认、计量与报告和会计基础等主要内容。

财务报告目标有决策有用观和受托责任观两种观点。《企业会计准则》规定财务报告目标是向财务报告的使用者提供与企业财务状况、经营成果和现金流量等有关的会计信息，反映企业管理层受托责任履行情况，有助于财务会计报告使用者作出经济决策。

会计基本前提是对会计核算所处的时间、空间环境所作的合理设定。会计基本前提包括会计主体、持续经营、会计分期、货币计量。

会计主体是指会计核算和控制的空间范围，也就是会计服务的对象，指的是某一特定单位的生产经营活动或者财务收支情况的过程和结果。会计主体前提的作用表现在：第一，明确了会计处理与财务报告的空间范围；第二，确定了会计的独立性。需要说明的是，会计主体并不一定是法律主体。

持续经营是指假定会计主体的生产经营活动或者财务收支过程能够永续地进行下去，即在可以预见的未来，不会停业，也不会大规模削减经营业务。我国《企业会计准则——基本准则》（以下简称《基本准则》）第六条规定：企业会计确认、计量和报告应当以持续经营为前提。

会计分期是指将会计主体持续经营的生产经营活动划分成的一个个连续的、相对独立的"片段"。会计分期假设不仅以持续经营假设为前提，而且是持续经营假定的一个必要补充。因为只有这样，会计才能形成具体而有用的会计信息。明确会计分期前提对于会计核算有着重要影响。在我国，会计年度自公历每年1月1日起至12月31日止。会计期间分为年度和中期。中期是指短于一个完整的会计年度的报告期间。如半年、季度和月份。

货币计量是指会计核算要以货币为统一的主要的计量单位，记录和反映会计主体的生产经营活动或者财务收支情况。货币计量有两层含义：一是会计核算要以货币作为主要的计量尺度；二是假定币值是稳定的。

企业单位为了实现会计目标需要对经济业务进行专门的处理与加工，基本环节包括会计确认、会计计量和会计报告。企业应当以权责发生制为基础进行会计确认、计量和报告。

会计信息质量要求是对企业财务报告中所提供的会计信息的基本要求，是使财务报告中所提供会计信息对使用者决策有用所应具备的基本特征，包括客观性、相关性、明晰性、可比性、实质重于形式、重要性、谨慎性和及时性等。

会计要素是会计对象的基本分类，是会计对象的具体化。会计要素包括资产、负债、所有者权益、收入、费用和利润。

（四）会计要素

资产是由过去的交易或事项形成，并由企业拥有或控制的资源，该资源预期会给企业带来经济利益。资产包括财产、债权和其他权利等。其确认条件为：（1）与该项资源有关的经济利益很可能流入企业；（2）该资产的成本或者价值能够可靠计量。资产按其流动性不同，可以分为流动资产和非流动资产两大类。

负债是指由企业过去的交易或者事项形成、预期会导致经济利益流出企业的现时义务。其确认条件为：（1）与该义务有关的经济利益很可能流出企业；（2）未来流出经济利益的金额能够可靠计量。负债按其流动性不同（或偿还期限的长短），可以分为流动负债和非流动负债两大类。

所有者权益是指企业资产扣除负债后由所有者享有的剩余权益。由于所有者权益体现的是所有者在企业中的剩余权益，因此，所有者权益的确认主要依赖于其他会计要素尤其是资产和负债的确认。所有者权益的来源包括所有者投入的资本、直接计入所有者权益的利得和损失、留存收益等，通常由实收资本（或股本）、资本公积、其他综合收益、盈余公积和未分配利润构成。

收入是指企业在日常活动中形成的、会导致所有者权益增加的、与所有者投入资本无关的经济利益的总流入。当企业与客户之间的合同同时满足下列条件时，企业应当在客户取得相关商品控制权时确认收入：

（1）合同各方已批准该合同并承诺将履行各自义务；

（2）该合同明确了合同各方与所转让商品或提供劳务相关的权利和义务；

（3）该合同有明确的与所转让商品相关的支付条款；

（4）该合同具有商业实质，即履行该合同将改变企业未来现金流量的风险、时间分布或金额；

（5）企业因向客户转让商品而有权取得的对价很可能收回。

费用是指企业在日常经营活动中发生的、会导致所有者权益减少的、与向所有者分配利润无关的经济利益的总流出。费用的确认条件有：（1）经济利益很可能流出企业；（2）费用的发生会导致企业资产减少或者负债增加；（3）经济利益的流出额能够可靠计量。

利润是指企业在一定会计期间的经营成果，利润包括收入减去费用后的净额、直接计入当期损益的利得和损失等。利润的确认主要依赖于收入和费用以及利得和损失的确认。

（五）会计等式

企业为了完成生产经营活动，必须拥有一定数量的资产，而取得或者拥有这些资产，必然会形成与之相对应的同等数量的权益。资产和权益反映的是企业从事生产经营活动所需要的财产物资，也就是其货币表现形成资金这同一个事物的两个不同的侧面，是从不同的角度观察和分析的结果。企业的资金总额，从其存在形态方面来说，就是该企业的资产总额；从其利益关系方面来说，就是企业的权益总额。

我们把资产等于权益的这种平衡关系，称为会计等式。用公式表示为：资产 = 权益，资产 = 负债 + 所有者权益。

企业在一定会计期间所实现的收入减去该期与之相匹配的费用以后的差额，就是企业该期实现的利润总额或者发生的亏损总额。用公式表示为：收入 − 费用 = 利润或亏损。

会计等式是企业资金运动的起点，也是企业经过一定时期的生产经营活动以后，企业资金运动的终点。资产、负债和所有者权益反映的是企业在特定日期净资产的存量情况，也就是企业的财务状况；收入、费用和利润或亏损反映的是企业在一定期间的净资产的增量情况，也就是企业的经营成果。

（六）会计确认、计量、报告

会计确认是指确定有关经济数据能否进入会计系统的初始工作，是会计核算和会计控制的第一步。具体是指将某一会计事项作为资产、负债、所有者权益、收入、费用、利润等会计要素正式加以记录和列入报表的过程。它至少要解决什么业务应该进入会计系统，以及进入会计系统的业务应该归属于哪个会计期间、涉及什么会计要素、金额是多少这4个基本问题。

会计计量是指对交易或者事项，按照一定单位，通过一定方法，个别或综合地赋予一个尽可能准确的数值的过程。它是由计量对象、计量属性、计量单位和计量时间等要素组成的。会计计量的关键环节是如何选择计量属性。我国"基本准则"第四十二条规定：会计计量属性主要包括历史成本、重置成本、可变现净值、现值和公允价值等。同时规定：企业在对会计要素进行计量时，一般应当采用历史成本。采用重置成本、可变现净值、现值、公允价值计量的，应当保证所确定的会计要素金额能够取得并可靠计量。

会计报告是指通过编制会计报表及其附注对外揭示或者披露会计信息或其他经济信息的过程。财务会计报告包括会计报表及其附注和其他应当在财务会计报告中披露的相关信息和资料。会计报表至少包括资产负债表、利润表和现金流量表、所有者权益变动表等。

（七）会计基础

会计基础主要是指会计核算的基础，也就是会计核算时应该遵循的基本原则。我国《基本准则》第九条规定：企业应当以权责发生制为基础进行会计确认、计量和报告。

权责发生制，又称应收应付制，是一种按照权利和责任是否转移或者发生来确认收入和费用归属会计期间的制度。它是配比收入和费用、确定利润或损失的制度基础。具体要求是：凡属本期已经实现的收入，不论其款项是否在本期收到，都应作为本期的收入处理；凡属本期应负担的费用，不论其款项是否在本期付出，都应作为本期的费用处理。反之，凡不属于本期的收入和费用，即使在本期收到或者付出了现金或款项，也不能作为本期的收入或费用处理。

（八）会计等式与财务报表

企业任何一项经济业务的发生，或者引起资产和权益两方以相等的金额同时增加或同时减少，或者引起资产或权益方面的至少两个相互关联项目以相等的金额一增一减。也就是说，企业发生的任何一项经济业务，尽管都会引起资产和（或）权益的增减变化，但是都不破坏资产和权益之间的平衡关系。正因如此，我们把资产＝权益，资产＝负债＋所有者权益这一会计等式，称为会计恒等式。会计恒等式是设置账户、复式记账和编制资产负债表的理论依据。

会计等式是企业资金运动的起点，也是企业经过一定时期的生产经营活动以后，企业资金运动的终点。资产、负债和所有者权益反映的是企业在特定日期净资产的存量情况，也就是企业的财务状况；收入、费用和利润或亏损反映的是企业在一定期间的净资产的增量情况，也就是企业的经营成果。换句话说，会计等式分别从静态和动态角度揭示了企业在某一特定日期的财务状况和特定会计期间的经营成果之间的相互联系。

会计要素既是会计核算内容的基本分类，也是财务报表的基本构成要素。资产负债表是反映企业在某一特定日期财务状况的财务报表，资产、负债与所有者权益，也称为资产负债表要素。资产负债表是根据"资产 = 负债 + 所有者权益"这一基本等式编制的。利润表是反映企业在一定会计期间经营成果的财务报表。收入、费用与利润，也称为利润表要素。"收入 – 费用 = 利润"是利润表的编制原理。

二、练习题

（一）单项选择题

1. 下列项目中，属于会计基本职能的是（　　）。
　　A. 计划职能、核算职能　　　　　B. 预测职能、监督职能
　　C. 核算职能、监督职能　　　　　D. 决策职能、监督职能

2. 会计对象是企事业单位的（　　）。
　　A. 资金运动　　　　　　　　　　B. 经济活动
　　C. 经济资源　　　　　　　　　　D. 劳动成果

3. 根据受托责任观，财务报告目标是为了向委托人报告受托责任的履行情况，其中的委托人主要是指（　　）。
　　A. 所有者　　　　　　　　　　　B. 债权人
　　C. 国家机关　　　　　　　　　　D. 管理者

4. 会计分期是以（　　）为前提的。
　　A. 会计主体　　　　　　　　　　B. 持续经营
　　C. 权责发生制　　　　　　　　　D. 货币计量

5. 市场参与者在计量日发生的有序交易中，出售一项资产所能收到或者转移一项负债所需支付的价格的计量属性是指（　　）。
　　A. 历史成本　　　　　　　　　　B. 重置成本
　　C. 公允价值　　　　　　　　　　D. 现值

6. 将长期租入的资产使用权视为企业资产的进行会计处理，主要是依据（　　）。
　　A. 客观性　　　　　　　　　　　B. 实质重于形式
　　C. 明晰性　　　　　　　　　　　D. 可比性

7. 关于负债的表述，不正确的是（　　）。
　　A. 负债的清偿预期会导致经济利益流出企业
　　B. 负债是由过去的交易或事项形成的
　　C. 负债可以分为流动性负债和非流动性负债

D. 预收账款不属于负债

8. 下列项目中，（　　）不是收入的构成内容。

    A. 销售商品　　　　　　　　　B. 提供劳务

    C. 让渡资产使用权　　　　　　D. 所有者投入

9. 企业收入的发生往往会引起（　　）。

    A. 负债增加　　　　　　　　　B. 资产减少

    C. 资产增加　　　　　　　　　D. 所有者权益减少

10. 某企业1月发生下列支出：（1）预付全年仓库租金36 000元；（2）支付上年第四季度银行借款利息16 200元；（3）以现金520元购买行政管理部门使用的办公用品；（4）预提本月应负担的银行借款利息4 500元。按权责发生制确认的本月费用为（　　）元。

    A. 57 220　　　　　　　　　　B. 8 020

    C. 24 220　　　　　　　　　　D. 19 720

11. 资产、负债、所有者权益是资金运动的（　　）。

    A. 存在形态　　　　　　　　　B. 动态表现

    C. 静态表现　　　　　　　　　D. 来源渠道

12. 从数量上看，所有者权益是（　　）的余额。

    A. 流动资产减去流动负债　　　B. 长期资产减去长期负债

    C. 全部资产减去流动负债　　　D. 全部资产减去全部负债

13. 企业的收入不包括（　　）。

    A. 销售商品的收入

    B. 提供劳务的收入

    C. 因他人使用本企业资产取得的收入

    D. 出售固定资产的收入

14. 企业固定资产可以按照其价值和使用情况，确定采用某一方法计提折旧，它所依据的会计核算前提是（　　）。

    A. 会计主体　　　　　　　　　B. 持续经营

    C. 会计分期　　　　　　　　　D. 货币计量

15. 关于所有者权益与负债的区别，下列说法中不正确的是（　　）。

    A. 负债的求偿力高于所有者权益

    B. 所有者的投资收益取决于企业的经营成果

    C. 债权人的求偿权有固定到期日

    D. 所有者承受的风险低于债权人

16. 形成权责发生制和收付实现制不同的核算基础所依据的会计基本前提是（　　）。

    A. 货币计量　　　　　　　　B. 会计年度

    C. 持续经营　　　　　　　　D. 会计分期

17. 下列对会计核算基本前提的表述中，恰当的是（　　）。

    A. 持续经营和会计分期确定了会计核算的空间范围

    B. 一个会计主体必然是一个法律主体

    C. 货币计量为会计核算提供了必要的手段

    D. 会计主体确立了会计核算的时间范围

18. 某企业发出材料的计价方法前半年为先进先出法，后半年随意改为加权平均法主要违背了（　　）。

    A. 谨慎性　　　　　　　　　B. 可比性

    C. 相关性　　　　　　　　　D. 重要性

19. 某企业资产总额为6 000万元，以银行存款500万元偿还借款，并以银行存款500万元购买固定资产后，该企业资产总额为（　　）万元。

    A. 6 000　　　　　　　　　B. 5 000

    C. 4 500　　　　　　　　　D. 5 500

20. M企业7月1日资产总额200万元，本月发生下列经济业务：（1）4日赊购材料5万元；（2）19日用银行存款偿还短期借款11万元；（3）23日收到购货单位偿还的欠款14万元，存入银行。则7月31日资产总额为（　　）万元。

    A. 194　　　　　　　　　　B. 208

    C. 230　　　　　　　　　　D. 170

（二）多项选择题

1. 会计核算的方法包括（　　）。

    A. 会计分析　　　　　　　　B. 成本计算

    C. 财产清查　　　　　　　　D. 复式记账

2. 宋朝的四柱清册中的四柱包括（　　）。

    A. 旧管　　　　　　　　　　B. 新收

    C. 开除　　　　　　　　　　D. 实在

3. 财务报告目标主要有哪几种主要的观点？（　　）

    A. 决策有用　　　　　　　　B. 受托责任

    C. 会计核算　　　　　　　　D. 会计监督

4. 会计基本前提包括（　　）。

  A. 会计主体   B. 持续经营

  C. 会计分期   D. 货币计量

5. 对于会计的前提持续经营的说法，下面正确的有（ ）。

  A. 持续经营就是永远经营下去

  B. 资产按照已取得的历史成本计价

  C. 资产按照已取得的清算状态的现行市价计价

  D. 持续经营前提并不适用于所有的会计主体

6. 下列哪种计量属性的确定需要估计？（ ）

  A. 可变现净值   B. 重置成本

  C. 公允价值   D. 现值

7. 反映财务状况的会计要素包括哪些？（ ）

  A. 资产   B. 利润

  C. 负债   D. 收入

8. 下列表述中，哪些属于资产的特征？（ ）

  A. 资产是由过去的交易或事项形成的

  B. 资产是由企业拥有或控制的资源

  C. 资产预期能够给企业带来经济利益

  D. 资产都是具有实物形态的

9. 所有者权益有（ ）。

  A. 实收资本   B. 未分配利润

  C. 资本公积   D. 盈余公积

10. 利润包含的项目有（ ）。

  A. 收入   B. 费用

  C. 直接计入当期的利得   D. 直接计入当期的损失

11. 按照权责发生制的要求，下列收入或者费用应归属于本期的有（ ）。

  A. 本期销售产品的收入款项，对方尚未付款

  B. 预付明年的保险费，银行存款支付

  C. 本月收回上月销售产品的货款

  D. 尚未实际支付的本月借款利息

12. 下列各项中，不属于资产的有（ ）。

  A. 计划下月购买计算机 20 台，价值 7 万元

  B. 公司厂区内的空气、阳光

  C. 长期租入的使用权资产

  D. 临时租入的汽车

13. 谨慎性要求会计人员在选择会计处理方法时（　　）。

  A. 不高估资产   B. 不低估负债

  C. 预计任何可能的收益   D. 确认可能发生的损失

14. 关于货币计量假设说法正确的有（　　）。

  A. 我国会计核算以人民币为记账本位币

  B. 业务收支以外币为主的企业也可以选择某种外币作为记账本位币

  C. 在我国，以外币为记账本位币的企业，向外报送财务报告时，仍然可以用外币反映

  D. 货币计量是指会计主体在核算过程中采用货币作为统一的计量单位

15. 下列可以作为一个会计主体进行核算的组织有（　　）。

  A. 独资企业   B. 企业的生产车间

  C. 分公司   D. 多家公司组成的企业集团

（三）判断题

1. 会计核算必须而且只能采用货币计量单位对经济活动的数量方面进行核算。

                          （　　）

2. 企业、行政事业单位会计对象的具体内容不完全相同。 （　　）

3. 会计的职能指会计在经济管理过程中所具有的功能，包括进行会计核算和实施会计监督两个方面。   （　　）

4. 决策有用观和受托责任观两种目标观点是完全排斥的。 （　　）

5. 会计主体就是法律主体。   （　　）

6. 我国的记账本位币必须选择人民币。   （　　）

7. 谨慎性并不意味着企业可以任意设置各种秘密准备。 （　　）

8. 资产必须具有实物形态。   （　　）

9. 收入应当是在日常的经济活动中产生的。   （　　）

10. 留存收益包括未分配利润和资本公积。   （　　）

11. 企业在发生减资、清算时，要先清偿所有者权益，然后再清偿负债。

                          （　　）

12. 谨慎性要求，凡是不属于当期的收入和费用，即使款项已在当期收付，也不应当作为当期的收入和费用。   （　　）

13. 某一财产物资要成为企业的资产，其所有权必须属于企业。 （　　）

（四）业务题

【目的】掌握权责发生制和收付实现制。

【资料】根据下列经济业务内容按权责发生制和收付实现制原则分别计算企业本月（7月）的收入和费用，将有关数据填入下表。

（1）销售产品5 000元，货款存入银行；

（2）销售产品10 000元，货款尚未收到；

（3）付下半年的租金3 000元；

（4）收到上月份应收的销货款8 000元；

（5）收到购货单位预付货款4 000元，下月交货；

（6）本月应付水电费400元，下月支付。

业务号	权责发生制		收付实现制	
	收入	费用	收入	费用
1				
2				
3				
4				
5				
6				

三、练习题参考答案

（一）单项选择题

1. C　　2. A　　3. A　　4. B　　5. C　　6. B

7. D　　8. D　　9. C　　10. B　　11. C　　12. D

13. D　　14. C　　15. D　　16. D　　17. C　　18. B

19. D　　20. A

（二）多项选择题

1. BCD　　2. ABCD　　3. AB　　4. ABCD　　5. ABD　　6. ABCD

7. AC　　8. ABC　　9. ABCD　　10. ABCD　　11. AD　　12. ABD

13. ABD　　14. ABD　　15. ABCD

（三）判断题

1. ×　　2. √　　3. √　　4. ×　　5. ×　　6. ×

7. √　　　8. ×　　　9. √　　　10. ×　　　11. ×　　　12. ×

13. ×

（四）业务题

业务号	权责发生制		收付实现制	
	收入	费用	收入	费用
1	5 000		5 000	
2	10 000			
3		500		3 000
4			8 000	
5			4 000	
6		400		

四、复习思考题及参考答案

1. 企业会计信息的使用者通常包括哪些？他们所关注的侧重点有何异同？

答：企业会计信息的使用者通常包括企业管理者、投资者、债权人、政府机构、社会公众等。企业管理当局需要全面掌握企业的经济活动、经营成果、财务状况及其变化、成本水平及构成等会计信息，以便作出正确的生产经营决策。企业现时的投资者和潜在的投资者需要掌握企业的经营状况、盈利能力及发展态势等会计信息，以正确地预测投资风险和报酬，并作出正确的投资决策。债权人主要关心企业偿还本金和利息的能力。短期债权人，包括提供商品和劳务的供应商、银行等，他们主要关心企业目前的经营状况和资产变现能力，据以分析能否按时收回债权；长期债权人主要关心企业的经营前景和今后的盈利能力，以作出是否增加贷款或提前收回贷款的决定。政府机构（主要指经济管理部门和税收机关等）作为社会管理者需要通过企业会计这个窗口所提供的信息了解微观经济运行、国家政策的落实和法规的执行情况，以便于利用价格、税收、利率等经济杠杆和有关法律、行政管理等手段进行国民经济宏观控制和调节。另外，由于企业的财务实力、盈利能力能够间接反映企业产品开发和生产等能力，因此社会公众常常也会关注企业的财务状况和盈利能力。而企业职工除了关注企业当前的经营状况和获利能力外，还关注企业经营前景，以便判断企业发展的稳定性和持续发展能力及工资、福利增加的可能性。

2. 何谓会计概念框架？其作用是什么？

答：会计概念框架是一个由相互联系的会计概念所构成的概念体系或理论体系。目前会计界较为认可的会计概念框架的内容有：会计目标、会计假设、会计基础、会计信息质量特征、会计要素等。

会计概念框架的作用主要有：

（1）指导会计准则的制定、修订；

（2）对已有会计准则的评估；

（3）规范尚无会计准则规范的业务领域的会计处理。

3. 你是如何理解财务报告目标的？

答：财务报告目标也称会计目标，是指在一定的社会经济环境下，会计工作所要达到的目的。财务报告目标可以概括为两点：一是向财务报告使用者提供与企业财务状况、经营成果和现金流量等有关的会计信息；二是反映企业管理层受托责任履行情况，有助于财务会计报告使用者作出经济决策。

4. 会计的四个基本前提是什么？

答：会计的四个基本假设包括会计主体、持续经营、会计分期和货币计量。

会计之所以要作出这些假设，主要是因为会计作为一个经济信息系统，必然受到变化不定的经济环境的影响，可能会面对许多不确定性因素。对这些不确定性因素作出合理判断或设定是从事会计工作和研究会计问题的基本前提。这些假设有利于会计原则的形成以及会计程序和方法的选择，也是科学的会计理论和方法体系形成的基础。

5. 权责发生制和收付实现制这两个会计基础的主要区别是什么？

答：权责发生制是根据权责关系的实际发生和影响期间来确认各会计期间的损益。也即企业交易对财务报表影响的时间是收入和费用发生的期间而不是现金的收取或支付时间。凡是获取一项收入的权利已经形成，不论这项收入是否实现，都应确认和记录为本期收入；同样，凡是承担某项费用的义务和责任已经形成，不论与该项义务相联系的现金是否付出，都应确认和记录为本期费用。收付实现制是以现金实际收到或付出的时间为标准来确认和记录企业收入的实现或费用的发生。收付实现制强调现金收到和支付的时间，收入和费用的归属期直接依据现金收付行为发生的会计期间而定，而不考虑与现金收支行为相关的经济业务实质发生的时间。也就是说，凡属本期实际收现的收入和实际付现的费用，不管其权利和责任是否属于本期，都作为本期的收入和费用；反之，凡是本期未收现的收入和未付现的费用，即使实质上应该归属本期，也不作为本期的收入和费用。

权责发生制和收付实现制的主要区别是，前者更有利于收入与其成本、费用的合理配比，能更真实地反映企业各个会计期间的财务状况和经营成果，但会计期末需要根据情况进行账项调整，会计处理相对复杂；后者不能真实地反映各会计期间企业的财务状况和经营成果，会计信息缺乏可比性，但会计期末不需要进行账项调整，会计处理比较简单。

6. 会计信息应具备哪些质量特征？

答：会计信息应具备的质量特征主要包括可靠性、相关性、可理解性、可比性、实质重于形式、重要性、谨慎性、及时性等。

会计信息的这些质量特征是非常重要的。因为有了这些特征，意味着会计人员在进行会计确认、计量和报告时就有了明确的目标和方向。这样加工出来的会计信息就具有了结构化特征，不可能杂乱无章。这样的信息才能符合会计信息使用者的决策需要。

7. 如何定义资产、负债、所有者权益、收入、费用和利润这些会计要素？在会计确认时它们各自需要满足的条件是什么？

答：资产是由过去的交易或事项形成，并由企业拥有或控制的资源，该资源预期会给企业带来经济利益。资产包括财产、债权和其他权利等。其确认条件为：（1）与该项资源有关的经济利益很可能流入企业；（2）该资产的成本或者价值能够可靠计量。

负债是指由企业过去的交易或者事项形成、预期会导致经济利益流出企业的现时义务。其确认条件为：（1）与该义务有关的经济利益很可能流出企业；（2）未来流出经济利益的金额能够可靠计量。

所有者权益是指企业资产扣除负债后由所有者享有的剩余权益。由于所有者权益体现的是所有者在企业中的剩余权益，因此，所有者权益的确认主要依赖于其他会计要素尤其是资产和负债的确认。

收入是指企业在日常活动中形成的、会导致所有者权益增加的、与所有者投入资本无关的经济利益的总流入。当企业与客户之间的合同同时满足下列条件时，企业应当在客户取得相关商品控制权时确认收入：

（1）合同各方已批准该合同并承诺将履行各自义务；

（2）该合同明确了合同各方与所转让商品或提供劳务相关的权利和义务；

（3）该合同有明确的与所转让商品相关的支付条款；

（4）该合同具有商业实质，即履行该合同将改变企业未来现金流量的风险、时间分布或金额；

（5）企业因向客户转让商品而有权取得的对价很可能收回。

费用是指企业在日常经营活动中发生的、会导致所有者权益减少的、与向所有者分配利润无关的经济利益的总流出。费用的确认条件有：（1）经济利益很可能流出企业；（2）费用的发生会导致企业资产减少或者负债增加；（3）经济利益的流出额能够可靠计量。

利润是指企业在一定会计期间的经营成果，利润包括收入减去费用后的净额、直接计入当期损益的利得和损失等。利润的确认主要依赖于收入和费用以及利得和损失的确认。

8. 什么是会计等式？

答：会计等式有两个：一是"资产＝负债＋所有者权益"称为会计恒等式，也称为静态会计等式，它反映了资产、负债和所有者权益三个会计要素之间的关系，是反映企业在某一时点财务状况的等式；二是"收入－费用＝利润"称为动态会计等式，它反映了收入、费用和利润三个会计要素之间的关系，是反映企业一定会计期间经营成果的等式。

会计等式深刻地揭示了会计要素之间内在的规律性联系，清晰地描述了各会计要素之间存在的严密的平衡相等关系。会计等式的这种平衡相等的关系，是设置账户，复式记账、试算平衡以及编制会计报表的理论依据。

9. 经济业务的发生会影响会计等式的平衡吗？

答：企业发生的经济业务从影响会计等式的角度可以分为多种类型，对会计等式的影响有两大规律：一是经济业务的发生，当引起会计等式一方会计要素（如左方的资产、费用，或者右方的负债、所有者权益和收入）发生变化时，至少一方的两个项目一增一减，增减的数额相等，不会影响会计等式的平衡关系；二是经济业务的发生，当引起会计等式两方会计要素发生变化时，两方相关要素会同时增加或减少，增加或减少的数额相等，不会影响会计等式的平衡关系。

无论发生什么样的经济业务，都不会影响会计等式的恒等关系，任何单位、任何时日的会计等式左方总金额与右方总金额必然相等，经济业务的发生不会影响会计等式平衡相等的关系。

10."资产＝负债＋所有者权益"和"收入－费用＝利润"这两个会计等式之间有什么关系？为什么？

答："资产＝负债＋所有者权益"和"收入－费用＝利润"这两个会计等式之间是相互联系的。因为"收入－费用＝利润"这一动态会计等式，反映了动态会计要素在企业生产经营活动中的变动情况；而"资产＝负债＋所有者权益"这一静态会计等式，反映了静态会计要素在企业生产经营活动中的变动结果。在会计的期初时点，资产、负债和所有者权益反映的是静态会计等式。而在会计期间，随着生产经营活动的开展，企业不断取得收入，为取得收入付出代价，发生费用，这期间的会计等式就变化成了"资产＝负债＋所有者权益＋收入－费用"。到了会计期末，计算出了利润，并进行了利润分配，这时的会计等式又回到了"资产＝负债＋所有者权益"这一静态会计等式状态。

五、会计思政教材案例与分析提示

【案例一】

毛泽东同志一生注重调查研究；其现存最早的一篇关于农村调查的报告是《中国佃农生活举例》，被列入"中国国民党中央农民运动讲习所丛书"，于1927年3月由农讲所出版。在这篇报告中，他分析了一位佃农全年的生活收支，择要介绍如下：

报告开篇即提出一个"假定事实"：

一个壮年勤敏佃农，租人十五亩田（一佃农力能耕种之数），附以相当之园土柴山，并茅屋一所以为住宅。此佃农父母俱亡，仅一妻一子，妻替他煮饭喂猪，子年十二三岁，替他看牛。这个佃农于其租来之十五亩田，可以全由自己一人之力耕种，不需加雇人工。因穷，田系贩耕，没有押租银可交，所以田租照本处通例要交十分之七。

第一，支出之部。

列示了11个项目，分别是：食粮、猪油、盐、灯油、茶叶、工资、种子、肥料、牛力、农具消耗和杂用，共计一百六十七元三角六分五厘五。

其中，农具消耗部分：

铁耙一架。六元，可用十年，每年六角。

耙头二把。每把五斤，一元四斤，二角五分一斤，每把一元二角五分。二把二元五角。可用三年，每年八角三分三厘。

风车一架。六元，可用六十年，每年一角。

第二，收入之部。

列示了4个项目，分别是田收、喂猪、冬季或砍柴或挑脚、工食省余，共计一百四十七元七角二分。

而这些收入的实现，还须假定在下列六个条件之下才有可能：绝无灾害；身体熬练；精明会转计；所养猪牛不病不死；冬季整晴不雨；终年勤劳，全无休息。

第三，结论。

收支相抵，不足一十九元六角四分五厘五。

作者最后总结道：这就是中国佃农比世界上无论何国之佃农为苦，而许多佃农被挤离开土地变为兵匪游民之真正原因。

思考：毛泽东在调查报告中运用了哪些会计理念？红色会计在"唤起民众"方面起到了什么作用？

【分析提示】

1. 会计理念包括（但不限于）：分类计算的理念（会计科目）；费用摊销的理念（农具部分，题干已补充）；收益计算的理念；等等。

2. 通过算账使群众明了自己的处境，即自身的困苦生活不是自己不努力，在根本上是不公平的土地制度造成的。

【案例二】 张文投资 100 000 元现金和一个价值 50 000 元的店面，注册了一家小型超市。开业当天公司发生的有关经济业务情况如下：

（1）购进价值 100 000 元的商品，其中 60 000 元付现款，其余 40 000 元尚欠；

（2）构建柜台设备等共 40 000 元，当即支付现金 30 000 元，尚欠设备款 10 000 元；

（3）余 10 000 元现金。

经营了一个月之后，张文公司的有关经济业务如下：

（1）已销售出进价为 30 000 元的商品，收入 50 000 元现款；

（2）通过银行转账偿还供货商欠款 10 000 元；

（3）支付雇员工资 8 000 元；

（4）机器设备和门面折旧费用 1 200 元。

要求：

1. 请你帮助张文计算一下公司开业当天共拥有多少资产，共拥有多少负债？张文在公司享有多少权益？

2. 营业一个月之后，请你帮助张文计算一下公司这个月共实现了多少收入，共发生多少费用，这个月利润是多少？

3. 张文的公司经过一个月的运营后，会计恒等式是否仍然成立？

【分析提示】

1. 开业当天资产 = 100 000 + 50 000 − 60 000 + 100 000 + 40 000 − 30 000 = 200 000（元）

负债 = 40 000 + 10 000 = 50 000（元）

所有者权益 = 100 000 + 50 000 = 150 000（元）

2. 收入 50 000 元，费用 = 30 000 + 8 000 + 1 200 = 39 200（元）

利润 = 50 000 - 39 200 = 10 800（元）

3. 一月后资产 = 200 000 - 30 000 + 50 000 - 10 000 - 8 000 - 1 200 = 200 800（元）

负债 = 50 000 - 10 000 = 40 000（元）

所有者权益 = 150 000 + 10 800 = 160 800（元）

资产 200 800 = 负债 40 000 + 所有者权益 160 800，会计等式仍然成立。

第二章　会计核算方法

一、本章要点速览

（一）会计科目

会计科目是按照信息使用者的需要，对会计对象的具体内容进行分类，并赋予标准的名称，也就是按照经济内容对各个会计要素所作的进一步分类。会计科目按其反映的经济内容不同，可分为资产类、负债类、共同类、所有者权益类、成本类、损益类六大类。

总分类科目的设置主要侧重于满足外部信息使用者了解企业财务信息的需要，明细分类科目则侧重于满足企业管理者经营管理的需要。不是所有的总分类科目都设置明细科目。总分类科目一般由财政部统一制定。

（二）账户

账户是具备一定的名称和结构，用于对与该名称相对应的特定的经济内容的增减变化进行单独记录的工具。会计科目是设置账户的依据，是账户的名称。科目与账户的本质区别在于有无结构。账户的基本结构包括两部分，一部分反映金额的增加情况，另一部分反映金额的减少情况。期末余额＝期初余额＋本期增加发生额－本期减少发生额。

总分类账户和它下属的明细分类账户之间表现为控制与被控制、统驭与被统驭的关系。明细账户是对总分类账户的细化和补充；总分类账户反映的数据与明细分类账户所反映的数据的总额相一致，两者互相补充，即总括又详细地说明同一事物。

所谓平行登记，是指对发生的每项经济业务，都要以相关的会计凭证为依据，一方面记入有关的总分类账户；另一方面记入有关总分类账户所属明细分类账户的方法。总分类账户与明细分类账户平行登记的要点如下：

（1）登记的方向相同；

（2）登记的期间相同；

（3）登记的金额相等。

总分类账户本期发生额＝所属明细分类账户本期发生额合计；

总分类账户期末余额＝所属明细分类账户期末余额合计。

（三）复式记账法

复式记账法是对发生的每一项经济业务，都要以相等的金额，在两个或两个以上相互联系的账户中进行登记的一种记账方法。复式记账法可以完整地、系统地反映各项经济业务的来龙去脉，也便于检查账户记录的正确性。因此，复式记账是一种科学的记账方法。复式记账法的理论基础是会计恒等式。我国所有企业和行政事业单位会计核算所采用的记账方法均采用借贷记账法。

（四）借贷记账法及其原理

借贷记账法是以"借"和"贷"作为记账符号，记录经济业务的发生和完成情况的一种复式记账方法。"借""贷"二字失去它原来的含义，成了单纯的记账符号，用以表示账户中的两个对立的记账部位和记账方向。在会计恒等式的位置不同或者说账户的性质不同，决定在哪方登记增加，在哪方登记减少。

借贷记账法的记账规则是：有借必有贷，借贷必相等。会计分录指在登记账簿前，根据记账规则，通过对经济业务的分析而确定的应记入账户的名称、方向及其金额的一个简明的记账公式。会计分录是根据反映经济业务的原始凭证，在记账凭证上编制的。将会计分录的数据录入有关账户，这一过程叫作过账。

所谓试算平衡，指在期末对所有账户的发生额和（或）余额进行加总，以确定借贷是否相等，从而检查记账和过账过程中是否存在差错的方法。本期发生额试算平衡的依据是借贷记账法的记账规则，其公式为：所有账户本期借方发生额合计＝所有账户本期贷方发生额合计。余额试算平衡的依据会计恒等式"资产＝负债＋所有者权益"，其公式为：所有账户借方余额合计＝所有账户贷方余额合计。

如果试算平衡表借贷不相等，则肯定账户记录有错误，但即使试算平衡，并不能说明账户记录绝对正确，因为有些错误并不会影响借贷双方的平衡关系。不能通过试算平衡查出的记账错误主要包括：

（1）重记经济业务；

（2）漏记经济业务；

（3）会计分录中，借方发生额和贷方发生额相等，但是与实际发生额不符；

（4）会计分录遵循了记账规则，但使用账户错误，或颠倒了记录的方向；

（5）虽存在很多错误，但是能够相互抵消。

（五）会计凭证

会计凭证的概念、意义和种类。会计凭证按照编制的程序和用途不同，分为原始凭证和记账凭证。其中原始凭证是在经济业务发生或者完成时取得或者填制的，用以记录或证明经济业务的发生或者完成的情况的文字凭据，又可以按来源不同分为外来原始凭证和自制原始凭证。

记账凭证重点介绍了按照内容划分的三类凭证：收款凭证、付款凭证和转账凭证。熟练掌握原始凭证和记账凭证的填制、审核问题。包括原始凭证的基本内容是什么，如何审核原始凭证，填制记账凭证要注意哪些要求以及记账凭证如何审核。

（六）账簿

会计账簿，简称账簿，它是由具有一定格式、相互联系在一起的账页组成的，以会计凭证为依据，用以全面、系统、序时、分类地记录和反映企业、事业等单位各项经济业务的簿籍。为了把分散在会计凭证中的大量核算资料加以集中归类反映，为单位经营管理提供系统、完整的核算资料，并为编制会计报表提供依据，就必须设置和登记各种账簿，设置和登记账簿是会计的专门核算方法之一。企业所使用的账簿可以按照账簿的用途分为序时账簿、分类账簿和备查账簿。

一切经济单位都应该设置现金日记账和银行存款日记账两个特种日记账，用于连续核算单位现金和银行存款的收入、付出和结存情况，借以加强对货币资金的管理。现金日记账和银行存款日记账的格式一般采用三栏式，即在同一张账页上分别设置"借方""贷方"和"余额"栏。为了清晰地反映货币资金的收付业务的具体内容，在"摘要"栏后，单设对方科目栏，登记对方科目名称。

总分类账簿简称总账，是按每一个总分类科目开设账页，进行分类登记的账簿，它能总括地反映各会计要素具体内容的增减变动和变动结果，编制会计报表就是以这些分类账所提供的资料为依据的。总账一般采用三栏式的账页格式，在账页中，主要设有借方、贷方和余额三个金额栏，这种格式在总账中较为常用。

明细分类账简称明细账，是根据各单位的实际需要，分别按照二级科目或三级科目开设账户，用来分类、连续地记录有关资产、负债、所有者权益、收入、费用的详细资料，提供编制会计报表所需要的数据。一般来说，明细账会因记录的内容和管理的需要分别采用不同的格式。明细账的格式有三栏式、数量金额式和多栏式等格式。

对账是指为了保证账簿记录的真实性和正确性，进行账簿记录的核对工作。对账工作一般分三个方面进行对账，账证核对、账账核对和账实核对。

结账是在把一定时期内发生的全部经济业务登记入账的基础上，按照规定在会计期末结算出各种账簿的本期发生额合计和期末余额，并将其余额结转至下期的过程。结账按照会计期间的不同，分为月结、季结、半年结和年结。

（七）财产清查

财产清查，就是通过对各种财产物资进行盘点和核对，确定其实存数，查明实存数与其账存数是否相符的一种专门方法。造成账实不符的原因主要有：（1）在财产物资的保管过程中发生自然损耗；（2）在管理和核算方面，由于手续不健全或制度不严密而发生错收、错付等情况；（3）由于计量不准确，造成多收多付或少收少付等情况；（4）由于管理不善或责任者的过失所造成的毁损、短缺、漏记、重记和计算不准等情况；（5）甚至有可能在账实相符的情况下，由于财产物资的毁损变质使账簿记录不符合客观真实性；（6）未达账项。

按财产清查的对象和范围分为全面清查和局部清查。全面清查是对全部财产进行盘点和核对。按照财产清查的时间分为定期清查和不定期清查。

财产物资的盘存制度有两种：永续盘存制和实地盘存制。永续盘存制亦称账面盘存制。采用这种方法，平时对各项财产物资的增加数和减少数，都要根据会计凭证连续记入有关账簿，并且随时结出账面余额。实地盘存制平时只根据会计凭证在账簿中登记财产物资的增加数，不登记减少数。到月末，对各项财产物资进行盘点，根据实地盘点所确定的实存数，倒挤出本月各项财产物资的减少数，再登记有关账簿，所以到月末，对各项财产物资进行实地盘点的结果，是计算、确定本月财产物资减少数的依据。

清查实物财产的方法一般有实地盘点和技术推算两种。库存现金的清查，是通过实地盘点的方法确定库存现金的实存数，再与现金日记账的账面余额核对，以查明盈亏情况。银行存款的清查与实物和现金的清查方法不同，不是采用实地盘点，而是采取与银行核对账目的方法进行的，即将本单位的银行存款日记账与开户银行转来的对账单逐笔进行核对。造成双方账目不符的原因有两个，一是记账有错误，包括企业方面记账差错和银行方面记账差错；二是存在未达账项。往来款项的清查一般采用函证核对法。

二、练习题

（一）单项选择题

1. 下列会计科目中，属于流动负债的是（　　）。
   A. 预收账款
   B. 预付账款
   C. 制造费用
   D. 财务费用

2. 复式记账的理论依据是（　　）。
   A. 会计职能
   B. 会计准则
   C. 会计等式
   D. 会计假设

3. 下列账户中，按经济内容分类属于成本类账户的是（　　）。
   A. "原材料"账户
   B. "制造费用"账户
   C. "管理费用"账户
   D. "主营业务收入"账户

4. 下列账户中，按经济内容分类归入资产类账户的是（　　）。
   A. "预收账款"账户
   B. "销售费用"账户
   C. "累计折旧"账户
   D. "应付账款"账户

5. 某企业刚刚建立时，权益总额为 80 万元，现发生一笔以银行存款 10 万元偿还银行借款的经济业务，此时，该企业的资产总额为（　　）万元。
   A. 80
   B. 90
   C. 100
   D. 70

6. 某企业 5 月末负债总额为 100 万元，6 月末收回应收账款 5 万元，收到购货单位预付的货款 8 万元，6 月末计算出应交税费 0.5 万元。月末负债总额为（　　）万元。
   A. 108.5
   B. 103.5
   C. 113.5
   D. 106.5

7. 会计账户的设置依据是（　　）。
   A. 会计对象
   B. 会计要素
   C. 会计科目
   D. 会计方法

8. 一项经济业务发生，不可能引起（　　）。
   A. 资产、权益同时增加
   B. 资产、负债同时增加
   C. 资产、权益同时减少
   D. 一项负债增加、一项权益增加

9. 下列各项中，属于总分类会计科目的是（　　）。
   A. 应交增值税
   B. 应付账款

    C. 专利权　　　　　　　　　　　D. 专用设备

10. 在借贷记账法下，所有者权益账户的期末余额等于（　　）。

    A. 期初借方余额＋本期借方发生额－本期贷方发生额

    B. 期初借方余额＋本期贷方发生额－本期借方发生额

    C. 期初贷方余额＋本期贷方发生额－本期借方发生额

    D. 期初贷方余额＋本期借方发生额－本期贷方发生额

11. 在借贷记账法下的发生额平衡是由（　　）决定的。

    A. "有借必有贷，借贷必相等"的规则

    B. 平行登记要点

    C. 会计恒等式"资产＝负债＋所有者权益"

    D. 账户的结构

12. 总分类账与明细分类账之间应采用（　　）的方法登记。

    A. 对应登记　　　　　　　　　　B. 同时登记

    C. 平行登记　　　　　　　　　　D. 分别登记

13. 某企业原材料总分类账户的本期借方发生额为 25 000 元，本期贷方发生额为 24 000 元，其有关明细分类账户的发生额分别为：甲材料本期借方发生额为 8 000 元，贷方发生额为 6 000 元，乙材料借方发生额为 13 000 元，贷方发生额为 16 000 元，则丙材料本期借方贷方发生额分别是（　　）。

    A. 借方发生额为 12 000 元，贷方发生额 2 000 元

    B. 借方发生额为 4 000 元，贷方发生额 2 000 元

    C. 借方发生额为 4 000 元，贷方发生额 1 000 元

    D. 借方发生额为 6 000 元，贷方发生额 8 000 元

14. 费用类账户贷方登记的是期末结转入（　　）账户的数额。

    A. 生产成本　　　　　　　　　　B. 主营业务成本

    C. 本年利润　　　　　　　　　　D. 主营业务收入

15. 期末结转后无余额的账户是（　　）。

    A. 资产类账户　　　　　　　　　B. 负债类账户

    C. 所有者权益类的账户　　　　　D. 收入类账户

16. 某企业某月份试算平衡表中，全部账户月初借方余额合计与贷方余额合计均为 600 000 元，当月全部账户借方发生额合计与贷方发生额合计均为 212 000 元，则全部账户月末借方余额合计与贷方余额合计（　　）。

    A. 不能确定　　　　　　　　　　B. 均为 388 000 元

    C. 均为 600 000 元　　　　　　　D. 均为 812 000 元

17. 付款凭证左上角的"贷方科目"可能登记的科目是（　　）。

A. 预付账款　　　　　　　　　　B. 银行存款

C. 预收账款　　　　　　　　　　D. 其他应付款

18. 下列不属于自制原始凭证的是（　　　）。

　　A. 领料单　　　　　　　　　　B. 成本计算单

　　C. 入库单　　　　　　　　　　D. 火车票

19. 下列业务中应该编制收款凭证的是（　　　）。

　　A. 购买原材料用银行存款支付　B. 收到销售商品的款项

　　C. 购买固定资产，款项尚未支付　D. 销售商品，收到商业汇票一张

20. 将库存现金送存银行，应填制的记账凭证是（　　　）。

　　A. 库存现金收款凭证　　　　　B. 库存现金付款凭证

　　C. 银行存款收款凭证　　　　　D. 银行存款付款凭证

21. 收入、费用明细分类账一般采用（　　　）。

　　A. 两栏式账簿　　　　　　　　B. 多栏式账簿

　　C. 三栏式账簿　　　　　　　　D. 数量金额式账簿

22. 应采用数量金额式账簿的明细分类账是（　　　）。

　　A. 应收账款明细账　　　　　　B. 管理费用明细账

　　C. 应付账款明细账　　　　　　D. 库存商品明细账

23. 现金日记账和银行存款日记账应当（　　　）。

　　A. 定期登记　　　　　　　　　B. 序时登记

　　C. 汇总登记　　　　　　　　　D. 合并登记

24. 对于库存现金的清查一般采用的方法是（　　　）。

　　A. 实地盘点法　　　　　　　　B. 核对账目法

　　C. 账证核对法　　　　　　　　D. 技术推算法

25. 在实地盘存制下，平时在账簿中对财产物资（　　　）。

　　A. 只登记收入数，不登记发出数

　　B. 只登记发出数，不登记收入数

　　C. 既登记收入数，又登记发出数

　　D. 既不登记收入数，也不登记发出数

26. 现金清查时，在盘点结束后应根据盘点结果，编制（　　　）。

　　A. 盘存单　　　　　　　　　　B. 实存账存对比表

　　C. 现金盘点报告表　　　　　　D. 对账单

27. 银行存款的清查就是将（　　　）进行核对。

　　A. 银行存款日记账与总分类账

　　B. 银行存款日记账与银行存款收、付款凭证

C. 银行存款总分类账与银行存款收、付款凭证

D. 银行存款日记账与银行对账单

28. 往来款项的清查一般采取的清查方法是（　　）。

　　A. 实地盘点法　　　　　　　　　B. 管理费用

　　C. 函证核对法　　　　　　　　　D. 内部对账法

29. （　　）是指在财产物资存放现场逐一清点数量或用计量仪器确定其实存数的一种方法。

　　A. 技术推算法　　　　　　　　　B. 实地盘点法

　　C. 全面清查　　　　　　　　　　D. 局部清查

30. A 企业出纳员赵某在每日终了时所进行的财产清查工作属于（　　）。

　　A. 全面清查和不定期清查　　　　B. 全面清查和定期清查

　　C. 局部清查和不定期清查　　　　D. 局部清查和定期清查

（二）多项选择题

1. 下列会计科目中，属于损益类的有（　　）。

　　A. 财务费用　　　　　　　　　　B. 管理费用

　　C. 制造费用　　　　　　　　　　D. 销售费用

　　E. 生产成本

2. 下列会计科目中属于资产类的有（　　）。

　　A. "库存商品"　　　　　　　　　B. "应收票据"

　　C. "累计折旧"　　　　　　　　　D. "管理费用"

3. 下列各项中，属于所有者权益类科目的有（　　）。

　　A. 实收资本　　　　　　　　　　B. 本年利润

　　C. 长期股权投资　　　　　　　　D. 其他综合收益

4. 下列说法正确的有（　　）。

　　A. 一个账户的期末余额等于它的期初余额

　　B. 余额一般与增加额在同一方向

　　C. 每个账户的增加发生额等于减少发生额

　　D. 如果一个账户的左方记增加额，右方就记减少额

5. 关于账户与会计科目的联系和区别，下列表述中正确的有（　　）。

　　A. 会计科目是账户的名称，账户是会计科目的具体运用

　　B. 会计科目与账户两者口径一致，性质相同

　　C. 会计科目不存在结构，账户则具有一定的格式和结构

　　D. 会计科目可以记录经济业务的增减变化及其结果

6. 下列关于总分类账户和明细分类账户说法正确的有（　　）。

    A. 设置明细账是为了更详细、更具体地核算

    B. 总分类账是根据总分类会计科目设置的

    C. 总账统驭明细账

    D. 对明细账核算时可以以实物或时间为计量单位

7. 复合会计分录是指（　　）的会计分录。

    A. 一借多贷　　　　　　　　　B. 一借一贷

    C. 多借一贷　　　　　　　　　D. 多借多贷

8. 下列错误不能够通过试算平衡发现（　　）。

    A. 只登记借方金额，未登记贷方金额

    B. 借贷双方同时多记了发生的金额

    C. 漏记了某些经济业务

    D. 应借账户和应贷账户中借贷方向登记颠倒

9. 某企业用银行存款 5 万元偿还以前欠其他单位的货款。在借贷记账法下，这笔经济业务涉及（　　）等账户。

    A. 长期股权投资　　　　　　　B. 银行存款

    C. 短期借款　　　　　　　　　D. 应付账款

10. 会计分录必须具备的要素包括（　　）。

    A. 记账方向　　　　　　　　　B. 记账手段

    C. 记账科目　　　　　　　　　D. 记账金额

    E. 记账时间

11. 借贷记账法下账户借方登记（　　）。

    A. 资产增加　　　　　　　　　B. 费用减少

    C. 负债减少　　　　　　　　　D. 所有者权益减少

    E. 收入增加

12. 在试算平衡表中，如果试算平衡（　　）。

    A. 说明每一个账户的借方发生额一定等于贷方发生额

    B. 不能说明账簿记录一定正确

    C. 说明全部账户本期增加额一定等于本期减少额

    D. 说明期初余额一定等于期末余额

    E. 说明不存在影响平衡的错误

13. 下列账户中，期末余额一般在贷方的有（　　）。

    A. 预收账款　　　　　　　　　B. 预付账款

    C. 应收账款　　　　　　　　　D. 应付账款

14. 下列交易或事项中，应作借记有关资产账户，贷记有关负债账户处理的有（　　　）。

    A. 从银行取得 6 个月短期借款，存入银行

    B. 通过银行收到投资者投入的资本金

    C. 采购材料一批验收入库，开出并承兑商业汇票

    D. 按规定预收购货单位货款

15. 如果经济业务事项的发生使单位的银行存款减少，那么相应地有可能使（　　　）。

    A. 固定资产增加　　　　　　　　B. 应付账款增加

    C. 长期借款减少　　　　　　　　D. 实收资本减少

16. 总分类账户与明细分类账户平行登记的要点包括（　　　）。

    A. 依据相同　　　　　　　　　　B. 方向相同

    C. 期间相同　　　　　　　　　　D. 金额相等

17. 借贷记账法下，（　　　）的依据是"资产 = 负债 + 所有者权益"。

    A. 全部账户的期初借方余额合计 = 全部账户的期初贷方余额合计

    B. 全部账户的期末借方余额合计 = 全部账户的期末贷方余额合计

    C. 全部账户的期初借方余额合计 + 全部账户本期借方发生额合计 = 全部账户的期末借方余额合计

    D. 全部账户的期初贷方余额合计 + 全部账户本期贷方发生额合计 = 全部账户的期末贷方余额合计

18. 原始凭证的基本内容中包括（　　　）。

    A. 原始凭证名称　　　　　　　　B. 接受原始凭证的单位名称

    C. 经济业务的性质　　　　　　　D. 凭证附件

19. 下列属于外来原始凭证的有（　　　）。

    A. 本单位开具的销售发票

    B. 供货单位开具的发票

    C. 职工出差取得的飞机票和火车票

    D. 银行收付款通知单

20. 关于记账凭证下列说法正确的有（　　　）。

    A. 收款凭证是指用于记录现金、银行存款和其他货币资金收款业务的会计凭证

    B. 收款凭证分为现金、银行存款和其他货币资金收款凭证两种

    C. 从银行提取库存现金的业务应该编制现金收款凭证

    D. 从银行提取库存现金的业务应该编制银行存款付款凭证

21. 会计账簿按用途分为（　　）。

    A. 序时账簿   B. 分类账簿

    C. 备查账簿   D. 总分类账簿

22. 对账的主要内容有（　　）。

    A. 账簿资料的内外核对   B. 账证核对

    C. 账账核对   D. 账实核对

23. 可采用三栏式账页的账簿有（　　）。

    A. 应收账款明细账   B. 应付利息明细账

    C. 管理费用明细账   D. 应付账款明细账

24. 数量金额式明细分类账的账页格式，适用于（　　）明细账。

    A. 库存商品   B. 制造费用

    C. 应付账款   D. 原材料

25. 财产物资的盘存制度有（　　）。

    A. 权责发生制   B. 收付实现制

    C. 实地盘存制   D. 永续盘存制

26. 财产清查中应采用实地盘点法进行清查的资产主要有（　　）。

    A. 库存现金   B. 银行存款

    C. 库存商品   D. 固定资产

    E. 应收账款

27. 不定期清查主要是在（　　）情况下进行。

    A. 更换现金、财产的保管人员

    B. 发生自然灾害和意外损失

    C. 进行临时性清产核资时

    D. 年末

    E. 月末

28. 下面关于永续盘存制表述正确的有（　　）。

    A. 可随时结出账面结存数

    B. 要求财产物资的进出都有严密的手续

    C. 不必进行财产清查

    D. 只强调会计凭证资料，日常核算工作量小

    E. 账面结存数的计算比较准确

29. 使企业或单位各项财产的账面数额与实际数额发生差异的原因很多，但主要有（　　）。

    A. 计量检验不准确

B. 管理不善造成的毁损或短缺

C. 日常保管过程发生的自然损耗

D. 自然灾害造成的毁损

E. 结算单据未到

30. 下列关于企业现金清查说法正确的有（   ）。

A. 现金清查一般采用实地盘点法

B. 对于现金清查结果，应编制现金盘点报告单

C. 对于无法查明的现金短缺，经过批准后应计入营业外支出

D. 对于超限额留存的现金应及时送存银行

（三）判断题

1. 会计科目是对会计要素分类所形成的项目。 （   ）

2. 账户上期期末的余额转入本期即为本期的期初余额。 （   ）

3. 为了满足会计核算质量的要求，会计科目的设置越多越好。 （   ）

4. 会计恒等式在任何一个时点上都是平衡的。 （   ）

5. 企业所有者权益增加，一定是取得了收入。 （   ）

6. 制造费用、销售费用、管理费用、财务费用均属于损益类会计科目。

（   ）

7. 为了适应企业管理精细化的要求，每一个总账科目下都应设置明细科目。

（   ）

8. 会计科目不能记录经济业务的增减变化及其结果。 （   ）

9. 复式记账法的理论依据是：期初余额 + 本期增加额 − 本期减少额 = 期末余额。 （   ）

10. 在借贷记账法下，"借"表示增加，"贷"表示减少。 （   ）

11. 在借贷记账法下，"借""贷"只作为记账符号使用，用以表明记账方向。

（   ）

12. 会计期末进行试算平衡时，试算平衡了，也不能说明账户记录绝对正确。

（   ）

13. 重记经济业务的错误能够通过试算平衡查找。 （   ）

14. 资产类账户进行期末试算平衡时，全部资产类账户的本期借方发生额合计必须等于其本期贷方发生额合计。 （   ）

15. 编制试算平衡表时，也应包括只有期初余额而没有本期发生额的账户。

（   ）

16. 记账时，将借贷方向记错，不会影响借贷双方的平衡关系。 （   ）

17. 根据借贷记账法的记账规则，每个账户的借方发生额与贷方发生额必定相等。 （　）

18. 余额试算平衡是根据会计恒等式的平衡关系检验账户记录的正确性。

（　）

19. 所有的记账凭证都必须附有原始凭证，否则，不能作为记账的依据。

（　）

20. 原始凭证是会计核算的原始资料和重要依据，是登记会计账簿的直接依据。 （　）

21. 现金收款凭证和现金付款凭证不仅是记账的依据，而且也是出纳员办理现金收款、付款业务的根据。 （　）

22. 会计账簿的记录是编制会计报表的前提和依据，也是检查、分析和控制单位经济活动的重要依据。 （　）

23. 多栏式账簿主要适用于既需要记录金额，又需要记录实物数量的财产物资明细账户。 （　）

24. 日记账应逐日逐笔顺序登记，总账可以逐笔登记，也可以汇总登记。

（　）

25. 登记现金日记账的依据是现金收付款凭证和银行收付款凭证。 （　）

26. 多栏式明细分类账，一般使用于债权、债务结算的明细分类账。 （　）

27. 实地盘存制是指平时根据会计凭证在账簿中登记各种财产的增加数和减少数，在期末时再通过盘点实物，来确定各种财产的数量，并据以确定账实是否相符的一种盘存制度。 （　）

28. 在进行企业银行存款清查时，发现银行存款日记账余额与银行对账单余额不一致，其原因肯定是存在未达账项。 （　）

29. 在永续盘存制下，不需要对财产物资进行实地盘存。 （　）

30. 企业可以根据"银行存款余额调节表"来调整账簿记录以达到账实相符。

（　）

（四）业务题

练习一

【目的】通过练习，掌握其各类账户的结构。

【资料】各类账户有部分资料如表 2-1 所示。

表 2－1 各类账户部分资料

账户名称	期初余额	本期借方发生额	本期贷方发生额	期末余额
库存现金	6 450	320		770
短期借款	50 000	10 000		100 000
应收账款	12 800		2 800	75 520
实收资本	500 000		200 000	700 000
原材料	42 000	26 000		44 000
银行存款		52 800	34 000	57 400
应付账款	18 000		26 676	12 001
固定资产	85 000	29 000	10 000	

【要求】根据各类账户的结构，计算并填写上列表格的空格。

练习二

【目的】掌握会计分录和试算平衡表的编制。

【资料】泰山公司 20×3 年 9 月初各账户余额如表 2－2 所示。

表 2－2 各账户余额

资产	期初借方余额	负债及所有者权益	期初贷方余额
固定资产	2 000 000	实收资本	3 000 000
无形资产	0	长期借款	360 000
原材料	460 000	应付职工薪酬	310 000
生产成本	260 000	短期借款	120 000
库存商品	450 000	其他应付款	30 000
银行存款	350 000	应付账款	180 000
应收账款	420 000		
其他应收款	55 000		
库存现金	5 000		
合计	4 000 000	合计	4 000 000

本月发生以下经济业务：

（1）投资人投入机器设备 1 200 000 元。

（2）从光明厂购入原材料 240 000 元，款项未付。

（3）购入非专利技术 100 000 元，以银行存款支付。

（4）仓库发出材料 40 000 元，用于生产产品。

（5）职工张明出差，预借差旅费 2 000 元，以现金付给。

（6）本月生产产品已完工验收入库，实际生产成本 140 000 元。

（7）用银行存款购买一间厂房 300 000 元。

（8）从银行借入短期借款 240 000 元，直接归还欠光明厂货款。

（9）用银行存款归还欠红旗厂货款 50 000 元。

（10）张明出差回来，报销差旅费 1 500 元，其余 500 元现金交回。

（11）收回黄河厂前欠货款 390 000 元存入银行。

（12）用银行存款归还短期借款 240 000 元。

（13）从银行提取现金 10 000 元备用。

（14）用银行存款购入原材料 20 000 元。

（15）借入长期借款 100 000 元存入银行。

【要求】

1. 编制会计分录。

2. 编制试算平衡表。

三、练习题参考答案

（一）单项选择题

1. A	2. C	3. B	4. C	5. D	6. A
7. C	8. D	9. B	10. C	11. A	12. C
13. B	14. C	15. D	16. A	17. B	18. D
19. B	20. B	21. B	22. D	23. B	24. A
25. A	26. C	27. D	28. C	29. B	30. D

（二）多项选择题

1. ABD	2. ABC	3. ABD	4. BD	5. ABC	6. ABCD
7. ACD	8. BCD	9. BD	10. ACD	11. ACD	12. BE
13. AD	14. ACD	15. ACD	16. BCD	17. AB	18. ABC
19. BCD	20. ABD	21. ABC	22. BCD	23. ABD	24. AD
25. CD	26. ACD	27. ABC	28. ABE	29. ABCDE	30. ABD

（三）判断题

1. √	2. √	3. ×	4. √	5. ×	6. ×
7. ×	8. √	9. ×	10. ×	11. √	12. √
13. ×	14. ×	15. √	16. √	17. ×	18. √
19. ×	20. ×	21. ×	22. √	23. ×	24. √
25. ×	26. ×	27. ×	28. ×	29. ×	30. ×

（四）业务题

习题一：

表 2 - 3 各类账户资料

账户名称	期初余额	本期借方发生额	本期贷方发生额	期末余额
库存现金	6 450	320	6 000	770
短期借款	50 000	10 000	60 000	100 000
应收账款	12 800	65 520	2 800	75 520
实收资本	500 000	0	200 000	700 000
原材料	42 000	26 000	24 000	44 000
银行存款	38 600	52 800	34 000	57 400
应付账款	18 000	32 675	26 676	12 001
固定资产	85 000	29 000	10 000	104 000

习题二：

1. 编制会计分录

（1）借：固定资产　　　　　　　　　　　　　1 200 000
　　　　贷：实收资本　　　　　　　　　　　　　　120 000
（2）借：原材料　　　　　　　　　　　　　　240 000
　　　　贷：应付账款　　　　　　　　　　　　　　240 000
（3）借：无形资产　　　　　　　　　　　　　100 000
　　　　贷：银行存款　　　　　　　　　　　　　　100 000
（4）借：生产成本　　　　　　　　　　　　　40 000
　　　　贷：原材料　　　　　　　　　　　　　　　40 000
（5）借：其他应收款　　　　　　　　　　　　2 000

| | | 贷：库存现金 | | | 2 000 |

（6）借：库存商品　　　　　　　　　　　　　　140 000

　　　　贷：生产成本　　　　　　　　　　　　　　140 000

（7）借：固定资产　　　　　　　　　　　　　　300 000

　　　　贷：银行存款　　　　　　　　　　　　　　300 000

（8）借：应付账款　　　　　　　　　　　　　　240 000

　　　　贷：短期借款　　　　　　　　　　　　　　240 000

（9）借：应付账款　　　　　　　　　　　　　　50 000

　　　　贷：银行存款　　　　　　　　　　　　　　50 000

（10）借：管理费用　　　　　　　　　　　　　　1 500

　　　　　库存现金　　　　　　　　　　　　　　500

　　　　贷：其他应收款　　　　　　　　　　　　　　2 000

（11）借：银行存款　　　　　　　　　　　　　　390 000

　　　　贷：应收账款　　　　　　　　　　　　　　390 000

（12）借：短期借款　　　　　　　　　　　　　　240 000

　　　　贷：银行存款　　　　　　　　　　　　　　240 000

（13）借：库存现金　　　　　　　　　　　　　　10 000

　　　　贷：银行存款　　　　　　　　　　　　　　10 000

（14）借：原材料　　　　　　　　　　　　　　20 000

　　　　贷：银行存款　　　　　　　　　　　　　　20 000

（15）借：银行存款　　　　　　　　　　　　　　100 000

　　　　贷：长期借款　　　　　　　　　　　　　　100 000

2. 编制试算平衡表如表 2 - 4 所示。

表 2 - 4　　　　　　　　　　　　　总分类账户试算平衡表

20×3 年 9 月 30 日　　　　　　　　　　　　　单位：元

科目	期初余额		本期发生额		期末余额	
	借方	贷方	借方	贷方	借方	贷方
固定资产	2 000 000		1 500 000		3 500 000	
无形资产	0		100 000		100 000	
原材料	460 000		260 000	40 000	680 000	
生产成本	260 000		40 000	140 000	160 000	
库存商品	450 000		140 000		590 000	

续表

科目	期初余额		本期发生额		期末余额	
	借方	贷方	借方	贷方	借方	贷方
库存现金	5 000		10 500	2 000	13 500	
银行存款	350 000		490 000	720 000	120 000	
应收账款	420 000			390 000	30 000	
其他应收款	55 000		2 000	2 000	55 000	
管理费用			1 500		1 500	
实收资本		3 000 000		1 200 000		4 200 000
长期借款		360 000		100 000		460 000
应付职工薪酬		310 000				310 000
短期借款		120 000	240 000	240 000		120 000
其他应付款		30 000				30 000
应付账款		180 000	290 000	240 000		130 000
合计	4 000 000	4 000 000	3 074 000	3 074 000	5 250 000	5 250 000

四、复习思考题及参考答案

1. 什么是会计科目？什么是账户？

答：会计科目是对会计要素具体内容的进一步分类，是设置账户所必须遵循的规则和依据。账户是根据会计科目设置的，具有一定格式和结构，用于分类、连续地记录经济业务，反映会计要素增减变动情况及其结果的一种工具。

2. 试述会计科目和账户之间的关系。

答：会计科目和账户在会计学中是两个不同的概念，两者之间既有联系又有区别。会计科目是设置账户的依据，账户是会计科目在记账工作中的具体应用，账户有结构，而会计科目无结构。会计科目界定的核算内容就是账户应记录反映的经济内容。

3. 试述借贷记账法的主要内容。

答：借贷记账法是以"借""贷"作为记账符号，记录和反映经济业务增减变化情况及结果的一种复式记账法。借贷记账法的主要内容包括记账符号、账户结构及账户设置、记账规则和试算平衡四个方面。

4. 借贷记账法下的账户结构是怎样的？

答：在借贷记账法下，账户的基本结构分为借方和贷方两栏，左方为借方，右方为贷方，分别用来记录增加额和减少额。在正规账户中专设余额栏记录。账户的性质不同，其结构不相同。资产类账户和费用类账户，借方记录增加额，贷方记录减少额；负债类账户、所有者权益类账户和收入类账户，贷方记录其增加额，借方记录其减少额。

在借贷记账法下，账户结构的理解应特别注意四个问题：（1）并不是所有账户在会计期末一定有余额。一般情况下，资产类账户、负债类账户和所有者权益类账户在会计期末有余额；而收入类和费用类账户在会计期末是否有余额，与企业当期利润的计算方法有关。（2）账户的余额一般在登记增加额的一方，即资产类账户的余额一般在借方，而负债、所有者权益类账户的余额一般在贷方。（3）资产类账户借方期末余额的计算是借方期初余额加上本期借方发生额减去本期贷方发生额。负债类账户和所有者权益类账户贷方期末余额的计算是贷方期初余额加本期贷方发生额减去本期借方发生额。（4）有些账户的结构可能有违以上账户结构的基本规律。如"累计折旧"账户、"坏账准备"账户、"本年利润"账户。

5. 什么是试算平衡？借贷记账法下的试算平衡方法有哪几种？其原理是什么？

答：试算平衡是指根据资产、负债和所有者权益之间存在的对立统一的平衡关系来检查各类账户的记录是否正确。

试算平衡的方法有两种：一是发生额试算平衡法。发生额试算平衡法是对一定会计期间所有账户的发生额进行试算检验的方法。二是余额试算平衡法。余额试算平衡法是对一定会计期末所有账户的余额进行试算检验的方法。

发生额试算平衡法是依据借贷记账法记账规则的基本原理建立的；余额试算平衡法是依据会计等式"资产＝负债＋所有者权益"或"资产＋费用＝负债＋所有者权益＋收入"的基本原理建立的。

6. "通过试算平衡肯定能够发现记账错误"，这句话是否正确？

答：这句话是不正确的。如果试算平衡，也不能肯定编制会计分录或记账没有错误，因为有些错误并不影响借贷双方平衡，例如重记或漏记某些经济业务，或者将借贷记账方向弄反等，借贷双方仍是平衡的。所以，试算平衡并不是检查账簿记录正误的绝对性标准。

7. 什么是会计凭证？它具有哪些作用？

答：会计凭证是原始凭证和记账凭证的统称，是用以记录经济业务，明确经济责任，作为记账依据的书面凭证。

会计凭证的作用主要有：（1）会计凭证是提供经济信息和会计信息的载体。（2）会计凭证是登记账簿的依据。（3）会计凭证是实行会计监督的条件。（4）会计凭证是加强经济责任制的手段。

8. 什么是原始凭证？什么是记账凭证？

答：原始凭证，又称原始单据，是在经济业务发生或完成时取得或填制的，用以记录或证明经济业务的发生或完成情况，明确经济责任的书面证明。原始凭证是进行会计核算的原始资料。

记账凭证是会计人员根据审核无误的原始凭证编制的，用以确定会计分录，作为记账依据的书面证明。记账凭证记载的是会计信息，它将原始凭证中的一般数据转化为会计特有的语言。

9. 原始凭证审核应包括哪些内容？审核后应采取哪些处理方法？

答：原始凭证审核包括的内容主要有：（1）形式上的审核。形式上的审核就是对原始凭证的外表进行审核，即审核原始凭证的完整性和准确性。（2）实质上的审核。实质上的审核就是对原始凭证的真实性、合法性和合理性进行审核。经审核后的原始凭证，应根据不同情况采取不同的处理方法，主要有：（1）对于完全符合要求的原始凭证，应及时据以编制记账凭证入账。（2）对于真实、合法、合理，但内容记载不准确、不完整的原始凭证，应退回给有关经办人员，由其负责将有关凭证补充完整、更正错误或重开后，再办理正式会计手续。（3）对不真实、不合法的原始凭证有权不予接受，并向单位负责人报告。尤其对于那些滥用职权、违法乱纪、伪造涂改凭证、贪污浪费、营私舞弊等行为，会计人员应当拒绝受理。情节严重的，还应报请单位负责人或上级处理，并追究当事人的责任。

10. 什么是会计账簿？设置和登记账簿有哪些作用？

答：会计账簿是指由一定格式、相互联系的账页组成的，以会计凭证为依据，用来序时地、分类地记录各项经济业务的簿籍。设置和登记账簿，是编制会计报表的基础，是连接会计凭证和会计报表的中间环节，在会计核算中具有重要意义。主要包括：（1）为企业管理部门提供系统、完整的会计信息；（2）为编制会计报表提供依据；（3）有利于开展会计分析和会计检查；（4）保证企业财产物资安全完整及各项资金的合理使用。

11. 库存现金日记账和银行存款日记账各是根据什么进行登记的？

答：库存现金日记账由出纳人员根据审核无误的库存现金收款凭证、库存现金付款凭证和银行存款付款凭证，按时间顺序逐日逐笔进行登记。

银行存款日记账由出纳人员根据银行存款收款凭证、银行存款付款凭证、库存现金付款凭证，按经济业务发生的时间顺序逐日逐笔进行登记。

12. 明细账的账页格式有哪几种？各自的适用范围是什么？

答：明细账主要有三栏式、数量金额式和多栏式三种账页格式，不同格式适用范围也不同：（1）三栏式明细账在账页上设有"借方""贷方"和"余额"三个基本栏目，主要适用于那些只需要进行金额核算而不需要进行数量核算的债权、债务类明细账。（2）数量金额式明细账在账簿的借方、贷方和余额三个栏目内，都分设数量、单价和金额三小栏，一般适用于既需要进行金额核算，又需要进行数量核算的各项财产物资的明细账。（3）多栏式明细账按明细分类账登记的经济业务不同，又分为借方多栏式、贷方多栏式和借方贷方多栏式三种格式。借方多栏式明细分类账只在借方根据需要开设多个明细项目，主要适用于成本费用类账户的明细账。贷方多栏式明细分类账只在贷方根据需要开设多个明细项目，主要适用于收益类账户的明细账。借方贷方多栏式明细分类账在借方和贷方同时根据需要开设多个明细项目，主要适用于"本年利润""应交税费——应交增值税"等账户的明细分类核算。

13. 什么是总分类账和明细分类账？它们之间有何关系？

答：总分类账，简称总账，是根据总账科目开设账户，用来分类登记全部经济业务，提供总括的价值指标的账户；明细分类账是根据明细科目开设账户，用来分类登记某一类经济业务，提供较为详细、具体的核算资料的账户。有的明细账除了提供价值量指标外，还可以提供实物量指标。

明细分类账是在总分类账下按一定的标准开设的。总分类账是所属明细分类账的总括，对所属明细分类账起着统驭、控制的作用；明细分类账是总分类账的详细记录，对总分类账起着补充说明的作用，二者是统驭和从属的关系。总分类账和明细分类账所记录的经济业务内容是相同的，所不同的只是提供核算资料的详细程度。二者结合在一起可以既总括又详细地说明同一事物。

14. 什么是平行登记？平行登记的要点是什么？

答：所谓平行登记，是指对发生的每项经济业务，都要以相关的会计凭证为依据，一方面记入有关的总分类账户；另一方面记入有关总分类账户所属明细分类账户的方法。总分类账户与明细分类账户平行登记的要点如下：

（1）登记期间相同。即对于每一项经济业务，总分类账户及其所属的明细分类账户必须应在同一会计期间登记入账。

（2）登记方向相同。即登记的总分类账户及其所属的明细分类账户的增减方向必须一致。即总账登记增加，则明细账也登记增加；总账登记减少，明细账也登记减少。

（3）登记金额相等。即记入总分类账户的金额与记入其所属的明细分类账户的金额或金额的合计数必须相等。

15. 什么是对账？对账主要包括哪些内容？

答：对账就是核对账目，一般在会计期间（月份、季度、年度）终了时，检查和核对账证、账账、账实是否相符，以确保账簿记录的正确性。对账主要包括以下三个方面的内容：

（1）账证核对。账证核对是指将各种账簿记录与会计凭证相核对。

（2）账账核对。账账核对是指对各种账簿之间的数字进行核对，它具体包括各总分类账户之间的核对、总分类账与所属明细分类账核对、总分类账与日记账核对、会计部门的财产物资明细账与财产物资保管和使用部门的有关明细账核对。

（3）账实核对。账实核对是指将企业在会计期末各账户的余额与各项财产物资的实存数之间进行核对。具体包括：库存现金日记账账面余额与库存现金实际库存数相核对；银行存款日记账账面余额定期与银行对账单相核对；各种财产物资明细账账面余额与财产物资实存数额相核对；各种债权、债务明细账账面余额与有关债务、债权单位或个人相核对等。

五、会计思政教材案例与分析提示

【案例一】 企业无纸化会计实务操作——以销售业务为例

随着企业管理系统的智能化，财务会计也转向智能会计。我们以比较突出的 SAP 为例：SAP，为 "System Applications and Products" 的简称，是 SAP 公司的产品——企业管理解决方案的软件名称。从企业后台到公司决策层、从工厂仓库到商铺店面、从电脑桌面到移动终端，企业财务人员借助账务系统可以实现日常财务工作的无纸化办公。凭证录入、审核、登记账簿（包括：总分类账、明细账、日记账等）、结账等都由系统协助轻松完成，提高工作效率，满足财务精细化管理要求。我们以企业销售业务为例。

如某公司销售部门招投标中标后，与客户签订合同。根据客户要求，在客户管理系统（CRM 系统）下单，生成订单，订单确定后抛转到 SAP 系统，系统拆分 BOM，排产计划，查看物料是否齐套。并根据订单派工单，报工，产品生产完后发货，由订单履行部商务过账确认收入并根据系统开票明细开销货发票。

销售人员负责催客户付款。银企直联资金系统将银行回款流水传输至 CRM 系统，销售人员负责认领并录入特价单信息，认领完毕后由订单履行部商务过账至 SAP 系统确认收款。

成本根据 SAP 订单归集的物料及工单生成每个订单成本，仓储发货时，对应确认成本。成本核算采用标准成本法。

研发及工程人员预先在系统中维护好产品材料组成部分、生产工艺，财务人员对各环节单位工时产生的费用进行合理预估并维护入系统。在产品生产前，系统预先根据上述信息估算单位产成品价格，形成标准成本，并以标准成本在账面进行流转。在产品工单完结后可通过系统追溯产成品实际成本与标准成本差异，进而追踪差异产生的原因并提出成本改良措施。

报表由 SAP 系统逻辑自动生成，财务人员导出资产负债表、利润表、现金流量表等。

思考：随着科技的进步，会计核算的智能化带来了极大的便利。你认为智能化企业管理方案是否有漏洞？会计核算的智能化需要哪些部门的配合？

【分析提示】

智能化管理系统带来极大便利的同时，也面临一些漏洞，以 SAP 系统为例，常见的 SAP 漏洞为：

（1）低安全性客户门户网站；

（2）客户或供应商门户网站中使用的恶意账户；

（3）底层数据库协议中的漏洞。

企业智能化的管理系统是一个综合的方案，会计的无纸化办公离不开人力资源部（工资核算），采购部门，销售部门，仓库，生产部门等的配合，才能完成。

【案例二】

张延从某财经大学毕业，于 20×3 年 6 月 29 日到永信公司会计科报到上班。正值月末会计科的同事们都忙得不可开交，科长安排张延编制试算平衡表。张延找到了总账账簿，经过 2 个小时的努力，将一张"总分类账户本期发生额和余额试算平衡表"完整的编制出来，且表上的三组数字也平衡。张延很高兴地向科长交了差。

过了一会儿，会计小高说：7 月的固定资产折旧计提表编出来了，这个月的折旧额总共是 500 000 元，其中车间的是 400 000 元，管理部门的是 100 000 元，但还没登记总账。接着，会计小李又说：我刚核对过了，应当记入"生产成本"和"原材料"账户的金额是 60 000 元，而不是 600 000 元，已经入账的数字应改一下。科长要求张延修改已经完成的试算平衡表。他疑惑不解，试算平衡表不是已经平衡了吗？为什么还有错账？

思考：试算平衡了，就意味着没有错账吗？结合你学习的编制试算平衡表的相关知识，谈谈你的认识。

【分析提示】

所谓试算平衡，是指在期末对所有账户的发生额和（或）余额进行加总，以确定借贷是否相等，从而检查记账和过账过程中是否存在差错的方法。如果试算平衡表借贷不相等，则肯定账户记录有错误，但即使试算平衡，并不能说明账户记录绝对正确，因为有些错误并不会影响借贷双方的平衡关系。不能通过试算平衡查出的记账错误主要包括：

（1）重记经济业务；

（2）漏记经济业务；

（3）会计分录中，借方发生额和贷方发生额相等，但是与实际发生额不符；

（4）会计分录遵循了记账规则，但使用账户错误，或颠倒了记录的方向；

（5）虽然存在很多错误，但是能够相互抵消。

本案例中，固定资产折旧属于漏记的经济业务，不影响平衡；而"生产成本"账户的借方和"原材料"账户贷方都多记了（600 000 – 60 000）540 000元，也不影响平衡。所以，试算平衡并不意味着没有错账。

第三章 流动资产

一、本章要点速览

本章重点是理解和掌握流动资产的概念和核算方法。难点是掌握交易性金融资产核算方法和应收款项减值的会计处理。

（一）货币资金

货币资金是指停留在货币形态，可以随时用作购买手段和支付手段的资金。包括库存现金、银行存款和其他货币资金。货币资金的内部控制制度是企业最重要的内部控制制度，它要求货币资金收支与记录的岗位分离、收支凭证经过有效复核或核准、收支及时入账且收支分开处理、建立严密的清查和核对制度、做到账实相符、制定严格的现金管理及检查制度等。银行的结算方式有银行汇票、银行本票、商业汇票、支票、信用卡、汇兑、委托收款、托收承付和信用证。其他货币资金是指除库存现金、银行存款之外的货币资金。

1. 库存现金

库存现金支出业务，常见的有预借差旅费、用库存现金直接支付有关费用等业务。支出现金时，现金减少，贷记"库存现金"科目，借方按照具体情况登记有关科目。库存现金收入业务，常见的有提现、现销商品和收回出差人员预借差旅费等的业务。收取现金时，现金增加，借记"库存现金"科目，贷记有关科目。库存现金清查时，发现库存现金实存数与账面数不同时，第一步应调整库存现金账面数字，最终使得"库存现金"账面数和实际数相符。借或贷"待处理财产损溢——待处理流动资产损溢"科目，贷或借记"库存现金"科目，并查找原因；第二步报上级部门批准后，结平"待处理财产损溢——待处理流动资产损溢"科目，根据具体查找的原因，对应记入相应科目。

企业可以根据需要在银行开立四种账户，包括基本存款账户、一般存款账户、临时存款账户和专用存款账户。但需注意每种账户用途不同，任何单位只能开立一个基本存款账户。

2. 银行存款

为了及时了解银行存款的收支情况，避免银行存款账目发生差错，企业"银行存款日记账"应定期与银行提供的"银行对账单"进行逐笔核对，至少每月核对一次。核对时若发现双方余额不一致，应及时查找原因。双方余额不一致的原因主要有两个：一是属于记账差错，此种情况要立即更正；二是未达账项引起的。

在核对银行存款的过程中，需要编制"银行存款余额调节表"。调节之后，双方余额如果不相等，说明记账存在错误或者还有未发现的未达账项，需要进一步核对；如果调节后双方余额相等，一般说明双方记账没有错误。调节后的余额，是企业可以动用的银行存款数额。需要注意的是：银行存款余额调节表只是用来核对的作用，而不能作为原始凭证进行记账。待未达账项的结算凭证到达后，才能进行账务处理。

3. 其他货币资金

其他货币资金也是存放在银行或者金融机构的款项，只不过是其已经指定用途，不能随时支取。在公司资产负债表中，货币资金的列示包括库存现金、银行存款和其他货币资金，以三者的总额列示，但我们可以通过相应的报表附注看到哪些是其他货币资金，即多少金额的存款已经被限制用途。

（二）交易性金融资产

在企业全部资产中，库存现金、银行存款、应收账款、应收票据、贷款、其他应收款、应收利息、债券投资、股票投资、基金投资及衍生金融资产等统称为金融资产。按照《企业会计准则第 22 号——金融工具确认和计量》（2018）的规定，企业应当根据管理金融资产的业务模式和金融资产的合同现金流量特征，将其划分以下三类：（1）以摊余成本计量的金融资产；（2）以公允价值计量且其变动计入其他综合收益的金融资产；（3）以公允价值计量且其变动计入当期损益的金融资产。

通常把以公允价值计量且其变动计入当期损益的金融资产称为"交易性金融资产"，它是企业为了近期出售而持有的金融资产。从企业管理金融资产的业务模式看，企业关键管理人员决定对交易性金融资产进行管理的业务目标是以"交易"为目的，而非为收取合同现金流量（即与基本借贷安排相一致，如本金加利息）而持有，也不是为既以收取合同现金流量为目标又以出售该金融资产为目标而持有，仅仅是通过"交易性"活动，即频繁地购买和出售，从市场价格的短期波动中赚取买卖差价，使企业闲置的资金能获得较高的投资回报。

　　企业取得交易性金融资产，应当按照该金融资产取得时的公允价值，借记"交易性金融资产——成本"科目，按照发生的交易费用，借记"投资收益"科目，按照实际支付的金额，贷记"其他货币资金"等科目。取得时实际支付的价款中包含的已宣告但尚未发放的现金股利，或已到付息期但尚未领取的债券利息，属于在购买时暂时垫付的资金，记入"应收股利"或"应收利息"科目，在实际收到时冲减已记的"应收股利"或"应收利息"科目，不确认投资收益。

　　企业持有交易性金融资产期间对于被投资单位宣告发放的现金股利或已到付息期但尚未领取的债券利息，应当确认为应收项目，并计入投资收益，即借记"应收股利"或"应收利息"科目，贷记"投资收益"科目；实际收到款项时作为冲减应收项目处理。

　　资产负债表日，交易性金融资产应当按照公允价值计量，公允价值与账面余额之间的差额计入当期损益。按照交易性金融资产公允价值高于其账面余额的差额，借记"交易性金融资产——公允价值变动"科目，贷记"公允价值变动损益"科目；公允价值低于其账面余额的差额作相反的会计分录，借记"公允价值变动损益"科目，贷记"交易性金融资产——公允价值变动"科目。

　　出售交易性金融资产，应当按照实际收到的金额，借记"其他货币资金"等科目，按照该金融资产的账面余额的成本部分，贷记"交易性金融资产——成本"科目，按照该金融资产的账面余额的公允价值变动部分，贷记或借记"交易性金融资产——公允价值变动"科目，按照其差额，贷记或借记"投资收益"科目。

（三）应收款项

　　应收票据是指企业因销售商品、提供劳务等而收到的商业汇票。商业汇票是出票人签发的，委托付款人在指定日期无条件支付确定金额给收款人或持票人的票据。应收账款是指企业在正常经营活动中，由于销售商品或提供劳务等，而应向购货或接受劳务单位收取的款项。两者的不同在于销货方在向购货方提供商业信用时，根据购货方的信用情况不同，提供不同的商业信用。应收账款是销货方向购货方提供的普通信用，应收票据是销货方向购货方提供的保证信用。预付账款是指企业按照购货合同规定预先支付给供货方的款项。其他应收款是指除应收票据、应收账款和预付账款以外的其他各种应收、暂付款项。

　　根据承兑人不同，商业汇票具体可分为银行承兑汇票和商业承兑汇票。

　　收到抵偿应收账款的商业汇票时，借记"应收票据"科目，贷记"应收账款"科目。因销售商品等收到商业汇票时，按照商业汇票的票面金额，借记"应收票据"科目；按确认的营业收入，贷记"主营业务收入"科目，按照增值税专用发票上注明的增值税税额，贷记"应交税费——应交增值税（销项税额）"科目。商业汇票到期收回款项时，应按照实际收回的金额，借记"银行存款"科目，贷记"应收票据"科目。

企业将持有的商业汇票背书转让以取得所需物资时，按照应计入取得物资的成本金额，借记"原材料"或"库存商品"等科目，按照增值税专用发票上注明的可供抵扣的增值税税额，借记"应交税费——应交增值税（进项税额）"科目，按照商业汇票的票面金额，贷记"应收票据"科目，如有差额，借记或者贷记"银行存款"等科目。

企业设置"应收账款"科目核算企业因赊销商品等应向购货单位或者接受劳务单位收取债权的增减变动及其结存情况，属于资产类科目。借方登记企业因销售商品等应向购买客户收取的款项，贷方登记已经收回的应收账款、作为坏账损失核销的应收款项、因债务重组减少的应收账款、因销售折让减少的应收账款以及未设立"预收账款"科目情况下企业预收的账款；期末借方余额反映尚未收回的应收账款；期末如为贷方余额，反映企业预收的货款。

企业设置"预付账款"科目进行核算预付账款，并按供应单位设置明细科目进行明细核算。企业在购货过程中预付款项时，借记"预付账款"科目，贷记"银行存款"科目；收到所购货物时，按照应当计入物资采购成本的金额，借记"在途物资""原材料"等科目，按照增值税专用发票上注明的增值税额，借记"应交税费——应交增值税（进项税额）"，按照发票账单注明的应付金额，贷记"预付账款"科目；补付款项时，借记"预付账款"科目，贷记"银行存款"科目；收到收回的款项时，借记"银行存款"科目，贷记"预付账款"科目。

应收账款减值是指企业无法收回或收回可能性极小的应收款项。由于发生应收账款减值而产生的损失，称为应收账款减值损失或坏账损失，记入"信用减值损失"账户。计提坏账准备时，借记"信用减值损失"科目，贷记"坏账准备"科目；发生坏账时，借记"坏账准备"科目，贷记"应收账款"或"其他应收款"科目；已确认的坏账重新收回时，借记"应收账款""其他应收款"等科目，贷记"坏账准备"，同时，借记"银行存款"科目，贷记"应收账款"或"其他应收款"等科目。企业应当在资产负债表日对应收账款的账面价值进行检查，有客观证据表明应收款项发生减值的，应当将该应收账款的账面价值减记至预计未来现金流量现值，减记的金额确认信用减值损失，并计提坏账准备。

（四）存货

存货是指企业在日常活动中持有以备出售的产成品或商品、处在生产过程中的在产品、在生产过程或提供劳务过程中耗用的材料和物料等。企业持有存货是为了出售，而不是自用，包括可供直接出售的产成品、商品等以及需经过进一步加工后出售的原材料等。企业存货一般包括原材料、周转材料、在产品、半成品、产成品、商品等。

存货成本包括采购成本、加工成本和其他成本。如外购存货的成本，即存货的采购成本，指存货从采购到入库前所发生的全部必要支出，包括购买价款、相关税费、运输费、装卸费、保险费以及其他可归属于存货采购成本的费用。

在实际成本法下，为了反映原材料的增减变动和结存情况，应设置"原材料"和"在途物资"等账户。两者的区别在于，材料在验收入库前，在"在途物资"账户核算，验收入库之后，在"原材料"账户核算。

核算自行生产的存货时，应设置"生产成本""制造费用"和"库存商品"账户。

生产成本账户是成本类账户，用来核算企业生产各种产品在生产过程中所发生的各项生产费用，并据以确定产品实际生产成本。生产成本账户的借方登记月份内发生的全部生产费用，包括直接计入产品生产成本的直接材料费、直接人工费和期末按照一定的方法分配计入产品生产成本的制造费用，贷方登记应结转的完工产品的实际生产成本，月末的借方余额，表示生产过程中尚未完工的在产品实际生产成本。

"制造费用"账户的性质属于成本类，用来归集和分配生产活动发生的各项间接生产费用，包括车间范围内发生的管理人员的薪酬、材料、折旧费、办公费、水电费、辅料消耗等。其借方登记实际发生的各项费用，贷方登记期末分配后应计入产品制造成本（转入"生产成本"账户借方）的制造费用。期末结转后该账户一般没有余额，应按不同车间设置明细账户进行明细分类核算。

"库存商品"账户的性质是资产类账户，用来核算企业库存的外购商品，自制产品即产成品、自制半成品、存放在门市部准备出售的商品、发出展览的商品以及寄存在外的商品等的实际成本的增减变动及其结余情况。其借方登记验收入库商品成本的增加，包括外购、自产、委外加工等；贷方登记库存商品成本的减少（发出）。期末余额在借方，表示库存商品成本的期末结余额。"库存商品"账户应按照商品的种类、品种和规格等设置明细账，进行明细分类核算。

企业在确定存货的成本流转时，应当根据各类存货的实物流转方式、企业管理的要求、存货的性质等实际情况，选择发出存货成本的计算方法，以合理确定当期发出存货的实际成本。按照我国《企业会计准则第1号——存货》规定，企业在确定发出存货的成本时，可以采用先进先出法、移动加权平均法、月末一次加权平均法和个别计价法四种方法。存货计价方法一旦选定，前后各期应当保持一致，如确需变更，应在会计报表附注中予以披露。

二、练习题

（一）单项选择题

1. 为了保证现金的安全完整，企业应当按照规定对库存现金进行定期和不定期的清查，下列各项中，属于企业对库存现金采用的清查方法是（   ）。

　　A. 直接核销法　　　　　　　　B. 实地盘点法

　　C. 账单核对法　　　　　　　　D. 个别计价法

2. 某制造业企业为增值税一般纳税人。本期外购原材料一批，取得的增值税专用发票注明买价 20 000 元，增值税税额为 2 600 元，入库前发生的挑选整理费用为 1 000 元，则该批原材料的入账价值为（   ）元。

　　A. 20 000　　　　　　　　　　B. 23 400

　　C. 21 000　　　　　　　　　　D. 23 600

3. 某企业购入丙材料，增值税专用发票上注明货款 20 000 元，增值税 2 600 元，发生包装费 300 元，丙材料的进项税额为（   ）元。

　　A. 20 000　　　　　　　　　　B. 2 600

　　C. 20 300　　　　　　　　　　D. 22 900

4. 某企业采用备抵法提取坏账准备。当确认发生坏账 2 000 元时，应做以下（   ）会计分录处理。

　　A. 借：信用减值损失　　　　　　　　　　　　　　2 000

　　　　　　贷：应收账款　　　　　　　　　　　　　　　　　2 000

　　B. 借：坏账准备　　　　　　　　　　　　　　　　2 000

　　　　　　贷：应收账款　　　　　　　　　　　　　　　　　2 000

　　C. 借：信用减值损失　　　　　　　　　　　　　　2 000

　　　　　　贷：坏账准备　　　　　　　　　　　　　　　　　2 000

　　D. 借：坏账准备　　　　　　　　　　　　　　　　2 000

　　　　　　贷：信用减值损失　　　　　　　　　　　　　　　2 000

5. 某企业采用实际成本法核算原材料，材料发出时可选择的计价方法中，核算结果最接近实际情况的是（   ）。

　　A. 先进先出法　　　　　　　　B. 加权平均法

　　C. 移动加权平均法　　　　　　D. 个别计价法

6. 某企业采用月末一次加权平均法计算发出材料成本。2018 年 5 月 1 日结存甲材料 200 件，单位成本 40 元；5 月 15 日购入甲材料 400 件，单位成本 35

元；5 月 20 日购入甲材料 400 件，单位成本 38 元；当月共发出甲材料 500 件。5 月发出甲材料的成本为（   ）元。

　　A. 18 500　　　　　　　　　　B. 18 600

　　C. 19 000　　　　　　　　　　D. 20 000

　　7. 以下各项存货采购相关支出中，（   ）不能计入存货成本。

　　A. 可以抵扣的增值税　　　　　B. 入库前的包装费

　　C. 入库前的运输费　　　　　　D. 入库前的保险费

　　8. 以下存货发出计价方法中，只有等到月末的时候才能算出存货发出的金额的方法是（   ）。

　　A. 月末一次加权平均法　　　　B. 先进先出法

　　C. 个别计价法　　　　　　　　D. 移动加权平均法

　　9. 某企业采用先进先出法计算发出材料成本。2018 年 5 月 1 日结存甲材料 200 件，单位成本 40 元；5 月 15 日购入甲材料 400 件，单位成本 35 元；5 月 18 日发出甲材料 200 件；5 月 20 日购入甲材料 400 件，单位成本 38 元；5 月 25 日发出甲材料 300 件。5 月 31 日甲材料的结存成本为（   ）元。

　　A. 18 500　　　　　　　　　　B. 18 400

　　C. 18 600　　　　　　　　　　D. 18 700

　　10. 企业对存货采购中发生的合理损耗的处理，以下说法正确的是（   ）。

　　A. 计入管理费用　　　　　　　B. 作为损失处理

　　C. 由责任人赔偿　　　　　　　D. 增加了当期购入存货的单位成本

　　11. 甲企业采用备抵法计提坏账准备，按照应收账款余额百分比法估计坏账，提取比例为 8%。2016 年末坏账准备余额贷方 5 万元，2017 年确认坏账 6 000 元，2017 年末应收账款余额为 50 万元。则 2017 年末坏账准备的相关处理应为（   ）。

　　A. 借：坏账准备　　　　　　　　　　　　　　4 000

　　　　　贷：信用减值损失　　　　　　　　　　　　　　4 000

　　B. 借：信用减值损失　　　　　　　　　　　40 000

　　　　　贷：坏账准备　　　　　　　　　　　　　　　40 000

　　C. 借：坏账准备　　　　　　　　　　　　　40 000

　　　　　贷：信用减值损失　　　　　　　　　　　　　40 000

　　D. 借：信用减值损失　　　　　　　　　　　4 000

　　　　　贷：坏账准备　　　　　　　　　　　　　　　4 000

　　12. 企业购入存货发生的运输途中合理损耗，应计入（   ）项目。

　　A. 营业外支出　　　　　　　　B. 管理费用

　　C. 存货　　　　　　　　　　　D. 其他应收款

13. 存货入库后发生的存储费用，应该计入（　　）账户。

    A. 存货　　　　　　　　　　　B. 管理费用

    C. 销售费用　　　　　　　　　　D. 营业外支出

14. 某企业为增值税一般纳税人，企业 2019 年 6 月购进原材料 400 千克，货款为 24 000 元，增值税为 3 120 元，发生的运杂费为 1 400 元，入库前发生的整理挑选费用为 520 元，验收入库时发现数量短缺 10%，经查属于运输途中的合理损耗，企业确定的该批原材料的实际单位成本为（　　）元。

    A. 62.80　　　　　　　　　　　B. 66

    C. 70.56　　　　　　　　　　　D. 72

15. 某企业生产产品领用材料 100 000 元，车间一般耗用 10 000 元，厂部领用 1 000 元。如果不考虑其他因素的影响，此次领用材料业务应记入"生产成本"科目的金额为（　　）元。

    A. 100 000　　　　　　　　　　B. 110 000

    C. 111 000　　　　　　　　　　D. 11 000

16. 下列各项费用中，应计入产品生产成本的是（　　）。

    A. 销售费用　　　　　　　　　　B. 管理费用

    C. 财务费用　　　　　　　　　　D. 月末分配的制造费用

17. 月末结转完工产品成本 800 000 元，将完工产品验收入库，此项业务需登记（　　）账户的借方，金额 800 000 元。

    A. 生产成本　　　　　　　　　　B. 库存商品

    C. 原材料　　　　　　　　　　　D. 固定资产

18. 在物价上涨情况下，假设不考虑其他因素的影响，采用先进先出法作为发出存货计量的方法，可能会导致（　　）。

    A. 期末存货计价过高，当期销售成本减少，当期收益增加

    B. 期末存货计价过低，当期销售成本增加，当期收益减少

    C. 期末存货计价过低，当期销售成本减少，当期收益增加

    D. 期末存货计价过高，当期销售成本增加，当期收益增加

19. 企业赊销商品一批，标价 100 万元，商业折扣 10%，增值税率 13%，现金折扣条件 2/10，n/30，现金折扣不考虑增值税。企业销售商品时代垫运费 0.5 万元，企业判断该现金折扣条件可能不足以对客户具有吸引力，客户极可能不享受现金折扣，则该笔应收账款的入账价值是（　　）万元。

    A. 104.9　　　　　　　　　　　B. 100

    C. 116.5　　　　　　　　　　　D. 102.2

20. 对银行已入账而企业未入账的未达账项，企业应当（　　）。

  A. 根据银行对账单金额入账

  B. 根据"银行对账单"和"银行存款余额调节表"自制原始凭证入账

  C. 根据"银行存款余额调节表"入账

  D. 待有关凭证到达时入账

21. 以（　　）计量且其变动计入当期损益的金融资产，用"交易性金融资产"科目核算。

  A. 公允价值   B. 重置成本

  C. 可变现净值   D. 现值

22. 泰山公司为一般纳税人，假定 2020 年 6 月 11 日从上海证券交易所购入甲上市公司股票 1 000 000 股，支付价款 10 000 000 元（其中包括已宣告但尚未发放的现金股利 600 000 元），另支付相关交易费用 25 000 元，取得的增值税专用发票上注明的增值税税额为 1 500 元。泰山公司此项交易性金融资产购买日的入账价值为（　　）元。

  A. 400 000   B. 9 400 000

  C. 10 000 000   D. 10 025 000

（二）多项选择题

1. 企业的货币资金包括（　　）。

  A. 库存现金   B. 应收票据

  C. 银行存款   D. 其他货币资金

2. 根据现行制度规定，企业可以开设的银行存款账户有（　　）。

  A. 基本存款账户   B. 一般存款账户

  C. 临时存款账户   D. 专用存款账户

3. 签发现金支票一张，从银行提取现金 20 000 元备用。请编制会计分录（　　）。

  A. 借：库存现金 20 000   B. 贷：库存现金 20 000

  C. 借：银行存款 20 000   D. 贷：银行存款 20 000

4. 下列项目，泰山公司会在"银行存款"账户中核算的有（　　）。

  A. 收到银隆公司结算智能设备的支票一张

  B. 签发给供货方（智博有限责任公司）支票一张

  C. 签发给供货方（智博有限责任公司）银行承兑汇票一张

  D. 签发给供货方（智博有限责任公司）商业承兑汇票一张

5. 某企业生产加工甲产品，下列发生的各项费用中应归属甲产品的生产成本的有（　　）。

  A. 为生产甲产品而消耗原材料 A，价值 5 000 元

  B. 厂部管理部门办公费 300 元

  C. 支付给生产加工甲产品的工人工资及福利费 9 000 元

  D. 销售人员的差旅费 500 元

6. 收到上月销售货款 58 000 元并存入银行。请编制会计分录（　　　）。

  A. 借：库存现金 58 000   B. 借：银行存款 58 000

  C. 贷：应收账款 58 000   D. 贷：应付账款 58 000

7. 以下各项属于商业汇票的有（　　　）。

  A. 银行承兑汇票   B. 商业承兑汇票

  C. 银行汇票   D. 银行本票

8. 在备抵法下，下列各业务中，会计处理时一定涉及坏账准备账户的业务有（　　　）。

  A. 确认坏账   B. 收回坏账

  C. 发生赊销业务   D. 收回应收账款

9. 存货的入账成本一般包括（　　　）。

  A. 入库后的仓储成本

  B. 不可抵扣的增值税

  C. 采购价格

  D. 为取得存货所发生的合理且必要支出

10. 不能计入取得存货入账成本的内容包括（　　　）。

  A. 入库前的挑选整理费用   B. 超出合理范围的损失

  C. 可以抵扣的增值税   D. 合理损失

11. 采购存货过程中的（　　　）支出，可以通过"应付账款"账户核算。

  A. 采购人员差旅费   B. 价款

  C. 增值税税额   D. 卖家代垫的运费

12. 关于"在途物资"账户的说法，以下正确的有（　　　）。

  A. 属于资产类账户

  B. 余额表示尚未验收入库的在途物资金额

  C. 货物验收入库后转入"原材料"账户

  D. 期末余额通常在借方

13. 下列各项，应计入"生产成本"账户的有（　　　）。

  A. 产品生产工人工资   B. 车间管理人员工资

  C. 产品耗用材料   D. 生产用设备折旧费

14. 下列费用中，构成产品成本的有（　　　）。

    A. 直接材料费　　　　　　　　B. 直接人工费

    C. 月末分配的制造费用　　　　D. 期间费用

15. 下列各项能作为生产费用核算的有（　　）。

    A. 已销售产品的成本

    B. 直接从事产品生产工人的职工薪酬

    C. 构成产品实体的原材料及有助于产品形成的主要材料和辅助材料

    D. 企业为生产产品和提供劳务而发生的各项间接费用

16. 2020 年 6 月，泰山公司主营业务是生产并销售产品，该公司某月销售一批原材料，共 500 千克，单位成本为每千克 30 元（未计提减值），单位不含税售价为每千克 40 元，开具增值税专用发票，增值税税率 13%，款项已经收到，应编制的会计分录有（　　）。

    A. 借：银行存款　　　　　　　　　　　　　22 600

        贷：主营业务收入　　　　　　　　　　　　　20 000

          应交税费——应交增值税（销项税额）　2 600

    B. 借：银行存款　　　　　　　　　　　　　22 600

        贷：其他业务收入　　　　　　　　　　　　　20 000

          应交税费——应交增值税（销项税额）　2 600

    C. 借：其他业务成本　　　　　　　　　　　15 000

        贷：原材料　　　　　　　　　　　　　　　　15 000

    D. 借：主营业务成本　　　　　　　　　　　15 000

        贷：原材料　　　　　　　　　　　　　　　　15 000

17. 泰山公司有一批原材料入库，下列应计入企业原材料成本的有（　　）。

    A. 采购原材料的装卸费　　　　B. 自然灾害造成的原材料净损益

    C. 运输途中发生的原材料的仓储费　　D. 原材料入库后的保管费用

18. 企业发生购买原材料的经济业务（不考虑相关税费），其贷方可为（　　）。

    A. 应付账款　　　　　　　　　　B. 银行存款

    C. 预收账款　　　　　　　　　　D. 应付票据

19. 根据我国会计准则规定，存货发出的计价方法有（　　）。

    A. 个别计价法　　　　　　　　　B. 先进先出法

    C. 后进先出法　　　　　　　　　D. 月末一次加权平均法

20. 企业应收款项减值采用备抵法核算时，设置"坏账准备"科目，下列各项中，属于"坏账准备"科目借方登记内容的有（　　）。

    A. 计提的坏账准备金额　　　　　B. 冲减的坏账准备金额

    C. 已转销又收回的坏账损失金额　　D. 实际发生坏账损失的金额

21. 交易性金融资产的入账价值不包括（ 　　）。
    A. 取得时的公允价值
    B. 交易费用
    C. 已宣告但尚未领取的现金股利
    D. 已到付息期但尚未领取的债券利息
22. "公允价值变动损益"科目的核算内容包括（ 　　）。
    A. 资产负债表日交易性金融资产的公允价值高于其账面价值的差额
    B. 资产负债表日交易性金融资产的公允价值低于其账面价值的差额
    C. 结转"本年利润"科目的余额
    D. 出售交易性金融资产时结转"投资收益"科目的余额

（三）判断题

1. 编制银行存款余额调节表，双方余额相等后，即可据以补记企业银行存款账户的有关收付金额。　　　　　　　　　　　　　　　　　　　（ ）
2. 一个企业可在一家银行的几个营业机构开立多个基本存款账户。（ ）
3. 对于材料已收到，但月末结算凭证仍然未到的业务，不能记入"原材料"账户核算。　　　　　　　　　　　　　　　　　　　　　　　　（ ）
4. 企业期末进行库存现金清查时，发现无法查明原因的现金短缺应记入"营业外支出"科目。　　　　　　　　　　　　　　　　　　　　　（ ）
5. 企业的库存现金日记账由出纳人员根据收付款凭证，按照业务发生顺序逐日逐笔登记。　　　　　　　　　　　　　　　　　　　　　　（ ）
6. 应收票据是指企业因销售商品、提供劳务等而收到的银行汇票。（ ）
7. 交易性金融资产按照公允价值计价，形成的公允价值变动损益应该计入投资收益。　　　　　　　　　　　　　　　　　　　　　　　　（ ）
8. 交易性金融资产期末按照公允价值计量，一方面资产金额会发生变动，另一方面会形成当期损益。　　　　　　　　　　　　　　　　　　（ ）
9. "投资收益"科目反映已实现的投资损益，"公允价值变动损益"科目反映尚未处置的投资因期末按照公允价值计量形成的"浮盈"或"浮亏"。（ ）
10. 企业出售交易性金融资产时，应将原计入该金融资产的公允价值变动转出，借记或贷记"公允价值变动损益"科目，贷记或借记"投资收益"科目。
　　　　　　　　　　　　　　　　　　　　　　　　　　　　　（ ）

（四）业务题

练习一

【目的】银行存款余额调节表的编制。

【资料】泰山公司 2020 年 1 月 31 日，银行对账单余额为 223 070 元，同日企业的银行存款日记账余额为 198 695 元。经查，发现有以下未达账项：

（1）1 月 15 日，企业委托银行代收款项 38 725 元。银行已登记增加；但企业尚未接到银行的收款通知，尚未登记增加。

（2）1 月 17 日，企业开出转账支票 26 375 元。企业已登记减少；但持票人尚未到银行办理结算手续，银行尚未登记减少。

（3）1 月 20 日，银行代企业支付通信费 7 500 元。银行已登记减少；但企业尚未收到银行的付款通知，尚未登记减少。

（4）1 月 21 日，企业送存一张转账支票 33 225 元。企业已登记增加；但银行尚未登记增加。

【要求】根据上述资料，编制"银行存款余额调节表"。

练习二

【目的】练习交易性金融资产的核算。

【资料】泰山公司为增值税一般纳税人：

（1）泰山公司为增值税一般纳税人。假定 2020 年 6 月 1 日，泰山公司从上海证券交易所购入 A 上市公司股票 1 000 000 股，支付价款 10 000 000 元（其中包含已宣告但尚未发放的现金股利 600 000 元），另支付相关交易费用 25 000 元，取得的增值税专用发票上注明的增值税税额为 1 500 元。泰山公司将其划分为交易性金融资产进行管理和核算。

（2）2020 年 6 月 19 日，泰山公司收到 A 上市公司向其发放的现金股利 600 000 元，存入银行。假定不考虑相关税费。

（3）2021 年 3 月 20 日，A 上市公司宣告发放 2020 年现金股利，泰山公司按其持有该上市公司股份计算确定的应分得的现金股利为 800 000 元。假定不考虑相关税费。

（4）2020 年 6 月 30 日，泰山公司持有 A 上市公司股票的公允价值为 8 600 000 元；2020 年 12 月 31 日，泰山公司持有 A 上市公司股票的公允价值为 12 400 000 元。不考虑相关税费和其他因素。

（5）2021 年 5 月 31 日，泰山公司出售所持有的全部 A 上市公司股票，价款为 12 100 000 元。并计算泰山公司转让金融商品应交增值税，并做出会计处理。

【要求】做出泰山公司应编制的会计分录。

练习三

【目的】练习应收款项的核算。

【资料】泰山公司与南洋公司有长期业务往来关系，请为泰山公司做出相关会计处理：

（1）11月3日向南洋公司赊销一批商品，该批商品按照价目表上标明的价格计算，其售价金额为30 000元，由于是批量销售，泰山公司给予10%的商业折扣，适用的增值税税率为13%，并为南洋公司代垫运杂费200元。做出销售实现和收到货款时的会计处理。

（2）11月19日泰山公司从淮海公司订购C材料一批，根据合同规定本月用银行存款预付材料款10 000元。下月收到发票账单，C材料的价款20 000元，增值税2 600元，材料已验收入库，用银行存款12 600元补付货款。

【要求】做出相应的会计分录。

练习四

【目的】练习坏账的核算。

【资料】泰山公司在年末对应收账款计提坏账准备。2020年末应收账款余额为5 000 000元，公司按应收账款余额的1%计提坏账准备金。

（1）计提坏账准备前，"坏账准备"账户借方余额为2 000元，2020年末企业完成"坏账准备"账户的调整。

（2）泰山公司2021年6月有一笔20 000元的应收账款确定无法收回，企业从已计提的坏账准备金中冲销。

（3）泰山公司2021年12月又收回已转销的坏账40 000元。

【要求】根据以上材料，请计算2021年末进行坏账准备调整前"坏账准备"账户的余额，并判断年末坏账准备调整前"坏账准备"账户余额的方向。

练习五

【目的】练习材料采购业务的核算。

【资料】泰山公司2020年12月份发生下列部分经济业务：

（1）12月3日，从长期供货方瑞明公司购进生产用原材料一批，材料和发票同时到达企业，材料已验收入库，取得增值税专用发票上注明的价款为50 000元，增值税税额为6 500元，泰山公司开出支票一张用以结算款项；

（2）12月5日，采购原材料一批，发票已经到达企业，发票上注明价款为40 000元，增值税税额5 200元，款项已付，但材料尚在运输途中。

（3）12月13日，上述材料已到达企业，并验收入库。

【要求】做出相应的会计分录。

练习六

【目的】练习自制产品业务的核算。

【资料】泰山公司 2020 年 8 月份发生下列部分经济业务：

（1）8 月 6 日，生产甲产品领用 A 材料 40 000 元，生产乙产品领用 B 材料 60 000 元。

（2）8 月 6 日，车间一般消耗领用 D 材料 300 元，厂部一般消耗领用 D 材料 450 元。

（3）8 月 12 日，生产甲产品领用 C 材料 16 000 元，生产乙产品领用 D 材料 4 000 元。

（4）8 月 31 日，结转本月应付职工工资 23 700 元，其中：生产甲产品工人工资 8 000 元，生产乙产品工人工资 7 000 元，车间管理人员工资 8 700 元。

（5）8 月 31 日，结转本月发生的制造费用，甲产品与乙产品按照产量比例 6∶3 进行分配。

（6）8 月 31 日，本月生产的甲和乙产品全部完工验收入库，结转完工产品成本。

【要求】根据以上经济业务编制会计分录。

练习七

【目的】练习发出材料成本的计算。

【资料】2020 年 1 月份泰山公司甲材料期初结存、购入和生产领用情况汇总如下：

1 月 1 日	期初结存 80 公斤，单位成本 20 元
1 月 6 日	购入 80 公斤，单位成本 24 元
1 月 10 日	生产领用 120 公斤
1 月 26 日	购入 40 公斤，单位成本 28 元
1 月 30 日	生产领用 20 公斤

【要求】分别采用先进先出法、加权平均法两种方法计算本月甲材料的月末结存材料成本和发出材料成本。

三、练习题参考答案

（一）单项选择题

1. B　　2. C　　3. B　　4. B　　5. D　　6. B

7. A   8. A   9. D   10. D   11. A   12. C

13. B   14. D   15. A   16. D   17. B   18. A

19. D   20. D   21. A   22. B

（二）多项选择题

1. ACD   2. ABCD   3. AD   4. AB   5. AC   6. BC

7. AB   8. AB   9. BCD   10. BC   11. BCD   12. ABCD

13. AC   14. ABC   15. BCD   16. BC   17. AC   18. ABD

19. ABD   20. BD   21. BCD   22. ABC

（三）判断题

1. ×   2. ×   3. ×   4. ×   5. √   6. ×

7. ×   8. √   9. √   10. ×

（四）业务题

练习一

编制如表 3－1 所示。

表 3－1   银行存款余额调节表

2020 年 1 月 31 日   单位：元

项目	金额	项目	金额
银行对账单余额	223 070	企业银行存款日记账余额	198 695
加：企业已收银行未收的款项	（1）	加：银行已收企业未收的款项	（2）
减：企业已付银行未付的款项	（3）	减：银行已付企业未付的款项	（4）
调节后的余额	（5）	调节后的余额	（6）

答案：（1）33 225；（2）38 725；（3）26 375；（4）7 500；（5）229 920；
（6）229 920

练习二

（1）2020 年 6 月 1 日，购买 A 上市公司股票时：

借：交易性金融资产——A 上市公司股票——成本   9 400 000

        应收股利——A 上市公司股票   600 000

贷：其他货币资金——存出投资款　　　　　　　10 000 000

2020 年 6 月 1 日，支付相关交易费用时：

借：投资收益——A 上市公司股票　　　　　　　25 000

　　应交税费——应交增值税（进项税额）　　　　1 500

　　　贷：其他货币资金——存出投资款　　　　　　　26 500

（2）2020 年 6 月 19 日，收到现金股利：

借：其他货币资金——存出投资款　　　　　　　600 000

　　　贷：应收股利——A 上市公司股票　　　　　　　600 000

（3）2021 年 3 月 20 日，A 上市公司宣告发放 2020 年现金股利

借：应收股利——A 上市公司股票　　　　　　　800 000

　　　贷：投资收益——A 上市公司股票　　　　　　　800 000

（4）2020 年 6 月 30 日，确认 A 上市公司股票的公允价值变动损益时：

借：公允价值变动损益——A 上市公司股票　　　800 000

　　　贷：交易性金融资产——A 上市公司股票——公允价值变动

　　　　　　　　　　　　　　　　　　　　　　　800 000

2020 年 12 月 31 日，确认 A 上市公司股票的公允价值变动损益时：

借：交易性金融资产——A 上市公司股票——公允价值变动

　　　　　　　　　　　　　　　　　　　　　3 800 000

　　　贷：公允价值变动损益——A 上市公司股票　　　3 800 000

（5）2021 年 5 月 31 日，泰山公司出售所持有的全部 A 上市公司股票：

借：其他货币资金——存出投资款　　　　　　　12 100 000

　　投资收益——A 上市公司股票　　　　　　　300 000

　　　贷：交易性金融资产——A 上市公司股票——成本　　9 400 000

　　　　　　　　　　　　　　　　——公允价值变动　　3 000 000

泰山公司转让金融商品应交增值税

＝（12 100 000 － 10 000 000）÷（1 ＋ 6%）× 6% ＝ 118 867.92（元）

借：投资收益　　　　　　　　　　　　　　　　118 867.92

　　　贷：应交税费——转让金融商品应交增值税　　　118 867.92

练习三

（1）销售实现时：

借：应收账款——南洋公司　　　　　　　　　　30 710

　　　贷：主营业务收入　　　　　　　　　　　　　　27 000

　　　　　应交税费——应交增值税（销项税额）　　　3 510

　　　　　银行存款　　　　　　　　　　　　　　　　　　200

收到货款和代垫运杂费时：

借：银行存款　　　　　　　　　　　　　　　30 710

　　贷：应收账款　　　　　　　　　　　　　　　30 710

（2）本月按合同规定预付货款时：

借：预付账款　　　　　　　　　　　　　　　10 000

　　贷：银行存款　　　　　　　　　　　　　　　10 000

下月收到发票账单和材料时：

借：原材料——C 材料　　　　　　　　　　　20 000

　　应交税费——应交增值税（进项税额）　　2 600

　　贷：预付账款　　　　　　　　　　　　　　　22 600

补付货款时：

借：预付账款　　　　　　　　　　　　　　　12 600

　　贷：银行存款　　　　　　　　　　　　　　　12 600

练习四

2021 年末坏账准备调整前的余额为：$5\,000\,000 \times 1\% - 20\,000 + 40\,000 =$ 70 000；余额方向在贷方。

练习五

（1）借：原材料　　　　　　　　　　　　　　50 000

　　　应交税费——应交增值税（进项税额）　6 500

　　　贷：银行存款　　　　　　　　　　　　　　56 500

（2）借：在途物资　　　　　　　　　　　　　40 000

　　　应交税费——应交增值税（进项税额）　5 200

　　　贷：银行存款　　　　　　　　　　　　　　45 200

（3）借：原材料　　　　　　　　　　　　　　40 000

　　　贷：在途物资　　　　　　　　　　　　　　40 000

练习六

（1）借：生产成本——甲产品　　　　　　　　40 000

　　　　　　　　　——乙产品　　　　　　　　60 000

　　　贷：原材料——A 材料　　　　　　　　　　40 000

　　　　　　　　——B 材料　　　　　　　　　　60 000

（2）借：制造费用　　　　　　　　　　　　　　　　　　　　300

　　　　管理费用　　　　　　　　　　　　　　　　　　　　450

　　　　　贷：原材料——D 材料　　　　　　　　　　　　　　　750

（3）借：生产成本——甲产品　　　　　　　　　　　　　　16 000

　　　　　　　——乙产品　　　　　　　　　　　　　　　4 000

　　　　　贷：原材料——C 材料　　　　　　　　　　　　　16 000

　　　　　　　——D 材料　　　　　　　　　　　　　　　4 000

（4）借：生产成本——甲产品　　　　　　　　　　　　　　8 000

　　　　　　　——乙产品　　　　　　　　　　　　　　　7 000

　　　　制造费用　　　　　　　　　　　　　　　　　　　8 700

　　　　　贷：应付职工薪酬　　　　　　　　　　　　　　　23 700

（5）借：生产成本——甲产品　　　　　　　　　　　　　　6 000

　　　　　　　——乙产品　　　　　　　　　　　　　　　3 000

　　　　　贷：制造费用　　　　　　　　　　　　　　　　　9 000

（6）借：库存商品——甲产品　　　　　　　　　　　　　　70 000

　　　　　　　——乙产品　　　　　　　　　　　　　　　74 000

　　　　　贷：生产成本——甲产品　　　　　　　　　　　　70 000

　　　　　　　——乙产品　　　　　　　　　　　　　　　74 000

练习七

（1）先进先出法：发出材料成本 $= 80 \times 20 + 40 \times 24 + 20 \times 24 = 3\ 040$（元）

月末结存材料成本 $= 80 \times 20 + 80 \times 24 + 40 \times 28 - 3\ 040 = 1\ 600$（元）

（2）加权平均法：加权平均单位成本 $= （80 \times 20 + 80 \times 24 + 40 \times 28）/（80 + 80 + 40）= 23.2$（元/公斤）

月末结存材料成本 $= 23.2 \times （80 + 80 - 120 + 40 - 20）= 1\ 392$（元）

发出材料成本 $= （120 + 20）\times 23.2 = 3\ 248$（元）

四、复习思考题及参考答案

1. 什么是未达账项？为什么会产生未达账项？有哪几种类型？

答：所谓未达账项是指截至某一时日止（一般指月末）本企业或银行一方已经记账，而另一方因尚未接到有关凭证而尚未记账的款项。未达账项有以下四种情况：（1）企业已记银行存款增加，而开户银行尚未记账；（2）企业已记银行存款减少，而开户银行尚未记账；（3）开户银行已记企业存款增加，而企业尚未记账；（4）开户银行已记企业存款减少，而企业尚未记账。

2. 如何编制银行存款余额调节表？该表可以作为企业调整银行存款账面余额的原始凭证吗？

答："银行存款余额调节表"的编制方法，一般是在企业银行存款日记账账面余额和银行对账单余额的基础上，分别加减未达账项，然后验证经调节后双方的余额是否相符。如果相符，表明双方的余额不一致是由于存在未达账项造成的；如果仍不相符，就表明还存在记账差错，应进一步查明原因，予以更正。银行存款余额调节表不能作为调节账面余额的原始凭证。未达账项的入账，一定要等到有关原始凭证到达后，按记账程序入账，不能根据银行存款余额调节表登记入账。

3. 什么是交易性金融资产？如何确定交易性金融资产的初始成本？

答：以公允价值计量且其变动计入当期损益的金融资产称为"交易性金融资产"，它是企业为了近期内出售而持有的金融资产。企业取得交易性金融资产时，应当按照该金融资产取得时的公允价值作为其初始入账金额。金融资产的公允价值，应当以市场交易价格为基础确定。

4. 交易性金融资产期末如何计量？

资产负债表日，交易性金融资产应当按照公允价值计量，公允价值与账面余额之间的差额计入当期损益。

5. 什么是应收票据？根据承兑人的不同，如何进行分类？

答：应收票据是指企业因销售商品、提供劳务等而收到的商业汇票。根据承兑人不同，商业汇票具体可分为银行承兑汇票和商业承兑汇票。银行承兑汇票是指在承兑银行开立存款账户的存款人签发，由承兑银行承兑的票据。商业承兑汇票是指由付款人签发并承兑，或由收款人签发交由付款人承兑的汇票。

6. 材料采购成本主要包括哪些内容？

答：企业的材料采购成本，是指企业材料从采购到入库前所发生的全部支出，由买价、有关税费和采购费用构成。买价即购买时所支付的价款；有关税费是指企业购买材料所发生的资源税和不能从增值税销项税额中抵扣的进项税额，有时还包括进口关税及其他税费；采购费用，即采购过程中除上述各项以外的可归属于材料采购成本的费用，包括在材料采购过程中发生的仓储费、包装费、装卸费、保险费、运输途中的合理损耗、入库前的挑选整理费等。值得注意的是：（1）采购人员的工资和差旅费等通常计入管理费用而不包括在采购费用之中；

（2）一般纳税人购货时支付的增值税且取得了增值税专用发票或完税证明，则应作为增值税进项额单独列示，不应记入材料成本。

7. 产品生产成本由哪些成本项目所构成？

答：产品生产成本项目主要包括直接材料费、直接人工费和制造费用。其中：直接材料费是产品生产中直接消耗并构成产品实体的原料、主要材料等费用；直接人工费是企业支付给直接参加产品生产工人的工资及按生产工人工资总额一定比例计算提取的职工福利费等费用；制造费用，是指企业各生产单位（分厂、车间等）为组织和管理生产所发生的、应计入产品成本的各项非直接费用，主要包括生产单位的房屋建筑物与机器设备等计提的固定资产折旧费、生产单位管理人员工资及工资附加费、水电费、办公费等。

8. 如何结转完工产品的生产成本？

答：结转完工产品的生产成本，就是企业在办完完工产品验收入库手续后，将完工产品成本从"生产成本"账户结转入"库存商品"账户的过程。即借记"库存商品"账户，贷记"生产成本"账户。

五、会计思政教材案例与分析提示

【案例】

2021年4月，乐视网公告称收到证监会《行政处罚决定书》。证监会列明"五宗罪"，一是乐视网因2007～2016年十年财务造假，其报送、披露的 IPO 相关文件及2010～2016年年报存在虚假记载；二是未按规定披露关联交易；三是未披露为乐视控股等公司提供担保事项；四是未如实披露贾某芳、贾跃亭向上市公司履行借款承诺的情况；五是2016年非公开发行股票行为构成欺诈发行等违法事实。乐视网这些违法事实给投资者带来巨大损失。实际上，在该公司年报中，有很多不符合常理之处，同学们可以通过所学知识进行辨别。

根据乐视网2016年年报显示：资产负债表上2016年货币资金超过36.6亿元，同时却有26亿元的短期借款，应付账款，也有54.2亿元。再看该公司2012～2016年五年来货币资金、短期借款和应付账款的数额对比如图3-1所示。

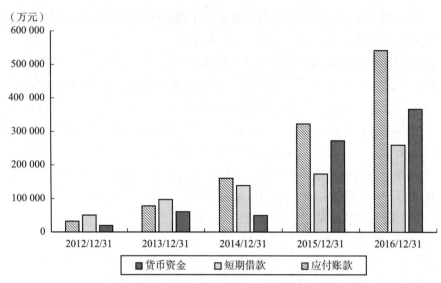

图 3 –1   乐视网 **2012** 年以来货币资金与应付账款对比情况

思考：

（1）乐视网公司在持有大额现金的情况下为何还有如此高额的短期借款，这种情况符合常理吗？

（2）运用货币资金的相关知识，应该从哪些方面进行分析，以帮助投资者做出决策。

【分析提示】

（1）不合理。

（2）货币资金包括库存现金、银行存款和其他货币资金。企业在货币资金如此多的情况下，还大额举债，一定是这些货币资金无法随时支取，即货币资金的变现能力是可疑的，定期存款很多，其他货币资金很多，流动资金却严重缺乏——说明公司货币资金其实大部分是被冻结的。

第四章　固定资产与无形资产

一、本章要点速览

本章重点是掌握固定资产的确认、计量和终止确认的核算，无形资产的取得、摊销和处置的核算方法；难点是固定资产折旧的计算与会计处理。

（一）固定资产

固定资产，是指为生产商品、提供劳务、出租或经营管理而持有的；使用寿命超过一个会计年度的有形资产。固定资产具有三个特征：有形资产，持有目的为生产商品、提供劳务、出租或经营管理，使用寿命超过一个会计年度。

企业取得固定资产的渠道有很多，如外购、自行建造、投资者投入、租入、非货币性资产交换等，但是不论通过哪种渠道取得的固定资产，都必须按照规定办理验收交接手续，及时取得和审核有关凭证，作为新增固定资产登记入账的依据，以保证固定资产核算的真实性，以及企业资产的安全与完整。

固定资产的初始计量就是确定固定资产的取得成本，是指企业购置某项固定资产达到预定可使用状态前所发生的一切合理、必要的支出。这些支出包括直接发生的价款、相关税费（不包括可以抵扣的进项税额）、运杂费、包装费和安装成本等，也包括间接发生的，如应承担的借款利息、外币借款折算差额以及应分摊的其他间接费用。

1. 当企业购入不需要安装的固定资产时

固定资产购入时既已达到预定可使用状态，此时按应计入固定资产成本的金额，借记"固定资产"科目；按可抵扣的进项税额借记"应交税费——应交增值税（进项税额）"科目；贷记"银行存款""应付账款""应付票据"等科目。

2. 当企业购入需要安装的固定资产时

固定资产购入时尚未达到预定可使用状态，就不能直接记入"固定资产"账户，而应在"在建工程"账户中核算。按其取得成本和发生的安装费用等借记

"在建工程"科目；按可抵扣的进项税额借记"应交税费——应交增值税（进项税额）"科目；贷记"银行存款""应付账款""应付票据"等科目。待安装完毕达到预定可使用状态时，将所归集的固定资产全部成本作为固定资产的原价，由"在建工程"科目转入"固定资产"科目。

3. 当企业接受投资者投入固定资产时

投资者投入的固定资产的核算，一方面要反映本企业固定资产的增加，另一方面要反映投资者投资额的增加，即反映本企业实收资本（或股本）的增加。企业对于投资者投入的固定资产，应当按照投资合同或协议约定的价值，借记"固定资产"科目，贷记"实收资本"（或"股本"）科目。

固定资产虽然可以长期参加企业的生产经营活动而仍然保持其原有的实物形态，但其内在的潜力会随着时间的推移和资产的使用而逐渐衰竭或消逝。即随着固定资产的使用，会产生损耗。损耗分为有形损耗和无形损耗两种情况。有形损耗是指固定资产由于使用和自然力的影响而发生的在使用价值和价值上的损失，如机器设备氧化生锈，房屋建筑物由于风吹、日晒、雨淋的侵蚀而逐渐破旧等。无形损耗是指由于科学技术的进步等而引起的固定资产价值的损失。随着科学技术的进步，劳动生产率不断提高，新的机器设备不断出现，产品升级换代的周期不断缩短。为核算固定资产在使用过程中产生的价值上的损失，会计上需要对固定资产进行折旧的会计处理。

固定资产折旧，是指在固定资产使用寿命内，按照确定的方法对应计折旧额进行系统分摊。固定资产折旧就是对固定资产由于磨损和损耗而转移到成本或费用中去的那一部分价值的补偿，是一个持续的成本分配过程，就是将固定资产的成本在其使用寿命内转化为费用的过程，而每期计提折旧的目的是在固定资产的使用期限内的对固定资产的成本进行合理的摊销。

企业应对所有的固定资产计提折旧。但是已提足折旧仍继续使用的固定资产和单独计价入账的土地除外。固定资产提足折旧后，不论能否继续使用，均不再计提折旧，提前报废的固定资产也不再补提折旧。已达到预定可使用状态但尚未办理竣工决算的固定资产，应当按照估计价值确定其成本，并计提折旧；待办理竣工决算后再按实际成本调整原来的暂估价值，但不需要调整原已计提的折旧额。

企业应当按月计提固定资产折旧，并根据用途计入相关资产的成本或者当期损益。

影响固定资产折旧的因素主要包括：固定资产原价、预计净残值、预计使用寿命和固定资产减值准备。固定资产的折旧计算方法主要包括四种：年限平均法、工作量法、双倍余额递减法和年数总和法。前两种方法属于平均法，每期或者每个工作量提取的折旧额都是相等的；而后两种方法则属于加速折旧法。加速折旧法的特点是在固定资产使用寿命内各年度提取的折旧额呈递减趋势。

（1）采用年限平均法将已计提折旧额平均分摊至每年，这样计算每年、每月的折旧额是相等的。计算如下：

$$年折旧率 = (1 - 预计净残值率) \div 预计使用寿命（年）\times 100\%$$
$$月折旧率 = 年折旧率 \div 12$$
$$月折旧额 = 固定资产原价 \times 月折旧率$$

或是：

$$年折旧额 = (固定资产原价 - 预计净残值) \div 预计使用寿命（年）$$
$$月折旧额 = 年折旧额 \div 12$$

（2）工作量法是先计算单位工作量应分摊的折旧额，再根据实际工作量计算每期应计提折旧额。计算如下：

$$单位工作量折旧额 = 固定资产原价 \times (1 - 预计净残值率) \div 预计总工作量$$
$$某项固定资产月折旧额 = 该项固定资产当月工作量 \times 单位工作量折旧额$$

（3）双倍余额递减法，是指在暂不考虑固定资产预计净残值的情况下，根据每期期初固定资产原价减去累计折旧后的金额（即固定资产净值）和双倍的直线法折旧率计算固定资产折旧的一种方法。采用双倍余额递减法计提折旧，使固定资产在使用寿命内每年提取的折旧额呈递减趋势，即早期多提取折旧，后期少提取折旧。采用双倍余额递减法计提折旧的固定资产，应当在其折旧年限到期前两年内，将固定资产净值扣除预计净残值后的净额平均摊销，即改用直线法平均计算最后两年的折旧额。计算如下：

$$年折旧率 = 2 \div 预计使用寿命（年）\times 100\%$$
$$月折旧率 = 年折旧率 \div 12$$
$$月折旧额 = 固定资产账面净值 \times 月折旧率$$

（4）年数总和法又称年限合计法，是指将固定资产的原价减去预计净残值后的余额，乘以一个以固定资产尚可使用寿命为分子、以预计使用寿命逐年数字之和为分母的逐年递减的分数计算每年的折旧额。计算公式如下：

$$年折旧率 = 尚可使用寿命 \div 预计使用寿命的年数总和 \times 100\%$$
$$月折旧率 = 年折旧率 \div 12$$
$$月折旧额 = (固定资产原价 - 预计净残值) \times 月折旧率$$

双倍余额递减法和年数总和法都是加速折旧法。其中，双倍余额递减法的折旧率是固定不变的，而计提折旧的基数为固定资产的账面净值，是逐年减少的，因此计提的折旧额逐年递减；采用年数总和法计提折旧，各年的折旧基数为固定资产原价减去预计净残值，是固定不变的，而折旧率是一个逐年递减的变数，因此各年的折旧额也是逐年递减的。

期末根据企业所采用的折旧方法，计算确定"固定资产折旧计算表"，并根据固定资产的用途计入相关资产的成本或者当期损益。基本生产车间使用的固定资产计提的折旧应记入"制造费用"；行政管理部门使用的固定资产计提的折旧应记入"管理费用"；销售部门使用的固定资产计提的折旧应记入"销售费用"；出租用固定资产计提的折旧应记入"其他业务成本"。因此月末计提固定资产折旧时，就应借记"制造费用""管理费用""销售费用""其他业务成本"等科目，贷记"累计折旧"科目。

固定资产处置的核算一般经过下面几步：

（1）固定资产转入清理。按固定资产账面价值，借记"固定资产清理"科目，按已计提的累计折旧，借记"累计折旧"科目，按已计提的减值准备，借记"固定资产减值准备"科目，按固定资产原价，贷记"固定资产"科目。

（2）发生清理费用。企业在固定资产清理过程中发生的相关税费及其他费用，借记"固定资产清理"科目，贷记"银行存款""应交税费"等科目。

（3）出售收入、残料等的处理。企业收回出售固定资产的价款、残料价值和变价收入等，应冲减清理支出，借记"银行存款""原材料"等科目，贷记"固定资产清理""应交税费——应交增值税（销项税额）"等科目。

（4）保险赔偿的处理。企业计算或收到的应由保险公司或过失人赔偿的损失，应借记"其他应收款""银行存款"等科目，贷记"固定资产清理"科目。

（5）清理净损益的处理。固定资产清理完成后产生的清理净损益，分情况处理：属于正常出售、转让所产生的利得或损失，应计入资产处置损益。确认处置净损失时，借记"资产处置损益"科目，贷记"固定资产清理"科目，如为净收益，借记"固定资产清理"科目，贷记"资产处置损益"科目；属于已丧失使用功能正常报废所产生的损失，借记"营业外支出——非流动资产处置损失（正常原因）"，贷记"固定资产清理"科目，如为净收益，借记"固定资产清理"科目，贷记"营业外收入——非流动资产处置利得"；属于自然灾害等非正常原因造成的损失，借记"营业外支出——非常损失（非正常原因）"科目，贷记"固定资产清理"科目，如为净收益，借记"固定资产清理"科目，贷记"营业外收入——非流动资产处置利得"。

（二）无形资产

无形资产是指企业拥有或者控制的，没有实物形态的可辨认非货币性资产。其主要包括专利权、非专利技术、商标权、著作权、土地使用权、特许权等。企业应当设置"无形资产""累计摊销""研发支出"等科目进行核算。

1. 购买无形资产时

购买无形资产的成本，包括购买价款、相关税费以及直接归属于使该项资产达到预定用途所发生的其他支出。其中，相关税费不包括按照现行增值税制度规定，可以从销项税额中抵扣的增值税进项税额。借记"无形资产"科目，借记"应交税费——应交增值税（进项税额）"科目，贷记"银行存款"等科目。

2. 企业内部研究开发无形资产

应当区分研究阶段与开发阶段分别进行账务处理。研究阶段的支出全部费用化，计入当期损益（管理费用）；开发阶段的支出符合资本化条件的，确认为无形资产，不符合资本化条件的计入当期损益。无法区分研究阶段支出和开发阶段支出，应当将其所发生的研发支出全部费用化，计入当期损益。具体账务处理方法是：（1）不满足资本化条件的，借记"研发支出——费用化支出"科目，满足资本化条件的，借记"研发支出——资本化支出"科目，贷记"原材料""银行存款""应付职工薪酬"等科目；（2）期末，应将不满足资本化条件的支出计入当期损益，借记"管理费用"科目，贷记"研发支出——费用化支出"科目，"研发支出"科目期末借方余额反映满足资本化条件的支出；（3）研究开发项目达到预定用途形成无形资产的，应按"研发支出——资本化支出"科目的余额，借记"无形资产"科目，贷记"研发支出——资本化支出"科目。

3. 投资者投入的无形资产

按投资合同或协议约定的价值，借记"无形资产"科目，贷记"实收资本"等科目。

企业应当与取得无形资产时分析判断其使用寿命，使用寿命有限的无形资产应进行摊销，使用寿命不确定的无形资产，不予摊销。无形资产的摊销额一般应当计入当期损益。企业管理用的无形资产，其摊销金额记入"管理费用"；出租的无形资产，其摊销金额记入"其他业务成本"；某项无形资产包含的经济利益通过所生产的产品或其他资产实现的，其摊销金额应当计入相关资产成本。企业对无形资产进行摊销时，借记"管理费用""其他业务成本""生产成本""制造费用"等科目，贷记"累计摊销"科目。

无形资产的处置，包括无形资产出售、对外出租、对外捐赠，或者是无法为企业带来未来经济利益时，应予以转销并终止确认。企业出售无形资产时，按实际收到或应收的金额，借记"银行存款""其他应收款"等科目，按已计提的累计摊销额，借记"累计摊销"科目，原已计提减值准备的，借记"无形资产减值准备"科目，按无形资产账面余额，贷记"无形资产"科目，按增值税专用发票上注明的增值税销项税额，贷记"应交税费——应交增值税（销项税额）"科目，按其差额，贷记或借记"资产处置损益"科目。无形资产报废并予以转销时，其账面价值转作当期损益。应按已计提的累计摊销，借记"累计摊销"科目，原已计提减值准备的，借记"无形资产减值准备"科目，按其账面余额，贷记"无形资产"科目，按其差额，借记"营业外支出——非流动资产处置损失"科目。

二、练习题

（一）单项选择题

1. 企业收到的投资投入的固定资产，应按照（　　）入账。
   A. 实际收到的投资净值
   B. 资产的市场价值
   C. 资产的账面原值
   D. 投资合同或协议约定的价值

2. 以银行存款购入不需要安装的设备一台，支付设备的买价为 8 000 元，增值税为 1 040 元，设备运输费用为 1 200 元（假设运费不考虑增值税）。对该项业务应记入"固定资产"账户借方的金额为（　　）元。
   A. 8 000
   B. 9 360
   C. 9 200
   D. 10 080

3. 企业设置"固定资产"账户是用来反映固定资产的（　　）。
   A. 磨损价值
   B. 累计折旧
   C. 原价
   D. 净值

4. 除了（　　）之外，企业购买的固定资产在达到预定可使用状态之前的一切合理必要的开支都列入固定资产初始成本。
   A. 运杂费
   B. 可以抵扣的增值税
   C. 关税
   D. 运输途中的仓储费

5. 下列各项中，应该在 9 月份计提固定资产折旧的是（　　）。
   A. 8 月份新增的一台设备
   B. 已提足折旧继续使用的生产线
   C. 8 月份已经报废的机器设备
   D. 以短期租赁方式租入的固定资产

6. 泰山公司接受投资者投入的不需要安装的生产设备一台，双方合同约定该设备的价值为 500 000 元，该设备的原值 600 000 元，ABC 公司该设备的入账价值为（　　）元。

A. 500 000   B. 600 000

C. 1 100 000   D. 0

7. 某企业购入一条生产线，总价值 1 000 万元，预计使用 10 年，不考虑净残值，年限平均法计提折旧，两年后，"固定资产"账户的金额为（　　）万元。

    A. 800   B. 1 000

    C. 900   D. 850

8. 2020 年 10 月 1 日，泰山公司将其自行开发完成的非专利技术出租给乙公司，泰山公司在每月摊销非专利技术时，借方应记入的科目是（　　）。

    A. 主营业务成本   B. 管理费用

    C. 研发支出   D. 其他业务成本

9. "固定资产应计折旧额"是指应当计提折旧的固定资产的原价扣除（　　）之后的金额。

    A. 预计残值收入   B. 预计净残值

    C. 预计清理费用   D. 预计修理费用

10. 企业计提本期固定资产折旧，其中，车间用设备折旧 8 400 元（假设当月没有完工产品），厂部管理部门用设备折旧 1 600 元，专设的销售机构设备折旧 1 000 元，此项经济业务引起当期利润总额减少（　　）元。

    A. 1 000   B. 1 600

    C. 8 400   D. 2 600

11. 下列说法关于无形资产的说法中，正确的是（　　）。

    A. 无形资产包括专利权、著作权、商标、商誉、土地使用权等

    B. 无形资产的外购成本中包括购买价款、增值税等相关税费，以及咨询费、公证费、鉴定费等直接归属于其达到预定用途所发生的其他支出

    C. 自行研发的无形资产的初始成本中包括开发费和研究费

    D. 各种研发支出，无论资本化还是费用化，均先通过成本类账户"研发支出"进行核算

12. 泰山企业是一般纳税企业，购入需要安装的动力设备一台，设备买价为 60 万元，增值税税额为 7.8 万元，发生的包装费和运杂费为 3 万元，购入后委托外单位安装，发生安装费 0.2 万元，全部款项均以银行存款支付，设备已安装完毕并交付使用。则该设备的入账价值是（　　）万元。

    A. 67.8   B. 63

    C. 63.2   D. 71

13. 某企业月初计提折旧的固定资产原值为 300 000 元，本月增加的固定资

产原值 20 000 元，本月减少的固定资产原值 10 000 元。则该企业本月计提折旧的固定资产原值是（　　）元。

    A. 310 000　　　　　　　　　　B. 320 000

    C. 300 000　　　　　　　　　　D. 290 000

14. M 公司购买了一台价值 20 000 元的设备，已经用银行存款支付了 5 000 元，剩余款项将于 30 天内付讫。期初购买日的会计分录中，不应包括（　　）。

    A. 借记固定资产 20 000 元

    B. 贷记银行存款 5 000 元

    C. 贷记应付账款 15 000 元

    D. 贷记应收账款 15 000 元

15. 因出售、转让等原因产生的固定资产处置利得或损失应计入（　　）。

    A. 资产处置损益

    B. 营业外支出——非流动资产处置损失

    C. 营业外支出——非常损失

    D. 管理费用

16. 固定资产处置过程中，应由保险公司或过失人赔偿的损失，借记（　　）科目。

    A. 其他应付款　　　　　　　　　B. 其他应收款

    C. 资产处置损益　　　　　　　　D. 管理费用

17. 无形资产摊销时，应贷记（　　）科目。

    A. 无形资产摊销　　　　　　　　B. 无形资产

    C. 累计折旧　　　　　　　　　　D. 累计摊销

18. 因报废、毁损等原因产生的固定资产处置损失应记入的科目是（　　）。

    A. 营业外支出　　　　　　　　　B. 资产处置损益

    C. 其他业务成本　　　　　　　　D. 管理费用

19. 下列关于无形资产核算的表述中正确的是（　　）

    A. 当月增加的使用寿命有限的无形资产从下月开始摊销

    B. 无形资产摊销方法应当反映其经济利益的预期实现方式

    C. 使用寿命确定的无形资产，不用进行摊销

    D. 使用寿命不确定的无形资产应采用年限平均法按 10 年摊销

20. 企业出售无形资产所取得的净收益，应记入的科目是（　　）。

    A. 主营业务收入　　　　　　　　B. 其他业务收入

    C. 营业外收入　　　　　　　　　D. 资产处置损益

（二）多项选择题

1. 计提固定资产折旧时，借方科目可能有（　　　）。

    A. 制造费用 　　　　　　　　　　B. 财务费用

    C. 销售费用 　　　　　　　　　　D. 管理费用

2. 一般纳税人企业外购设备一台，该设备的成本包括（　　　）。

    A. 购买该设备的价款 7 万元

    B. 运杂费 0.1 万元

    C. 取得的增值税专用发票上的增值税 1.12 万元

    D. 进口关税 0.5 万元

3. 下列情况的固定资产，当月不应计提折旧的有（　　　）。

    A. 当月减少的固定资产

    B. 当月增加的固定资产

    C. 已提足折旧仍继续使用的固定资产

    D. 上月已达到预定可使用状态但尚未办理竣工决算的固定资产

4. 以下关于"累计折旧"账户正确的说法有（　　　）。

    A. 属于资产类账户 　　　　　　　B. 计提折旧记借方

    C. 期末余额在贷方 　　　　　　　D. 期末余额在借方

5. 固定资产清理完毕，对清理净损益，可能通过下列账户处理（　　　）。

    A. 信用减值损失

    B. 资产处置损益

    C. 营业外支出——非流动资产损失

    D. 营业外支出——非常损失

6. 企业生产经营期间报废固定资产清理过程中产生的处理净损失，可能借记（　　　）科目。

    A. 营业外支出——非流动资产损失

    B. 营业外支出——非常损失

    C. 资产处置损益

    D. 信用减值损失

7. 无形资产进行摊销时，可能借记的科目有（　　　）。

    A. 管理费用 　　　　　　　　　　B. 生产成本

    C. 制造费用 　　　　　　　　　　D. 其他业务成本

8. 关于无形资产摊销方法的表述，正确的有（　　　）。

    A. 无形资产摊销方法可用年限平均法

B. 无形资产摊销方法可用生产总量法

C. 无形资产的摊销方法应当反映与该项无形资产有关的经济利益的预期实现方式

D. 无法可靠确定无形资产预期实现方式的，应当采用年限平均法摊销

（三）判断题

1. 企业外购固定资产时所支付的增值税额，均应计入固定资产成本中。

（　　）

2. 随着固定资产的使用，其价值会逐年减少，因此应该减记"固定资产"账户。 （　　）

3. 采用加速折旧法计提折旧，在折旧期的前期，计提折旧较多，后期则计提折旧较少。 （　　）

4. 自行研究开发无形资产，研究阶段的支出费用化，开发阶段的支出资本化。

（　　）

5. 企业对于无法区分研究阶段的支出和开发阶段的支出，应将发生的研发支出全部费用化。 （　　）

6. 无形资产的摊销方法类似于固定资产的折旧方法，也分为平均法和加速法两大类。 （　　）

7. 对于使用寿命不确定的无形资产，可以按照 10 年期限进行摊销。（　　）

8. 企业所有正在使用的无形资产均应该进行摊销。 （　　）

（四）业务题

练习一

【目的】练习固定资产折旧的计算。

【资料】泰山公司购入一台不需要安装的机器设备，取得的增值税专用发票上注明的设备买价为 100 000 元，增值税税额为 13 000 元，支付的运输费为 3 500 元，上述款项用银行存款支付。该生产设备预计使用 5 年，采用年限平均法计提折旧（预计净残值 1 500 元）。

【要求】

（1）计算此设备的购买成本。

（2）计算每月应提折旧金额。

（3）如果对该设备采用年数总和法计提折旧，请问第一年和第二年应该计提的折旧额是多少。

练习二

【目的】固定资产取得、计提折旧时的会计处理。

【资料】泰山公司 10 月份发生如下业务：

（1）购入生产设备一台，不需要安装，取得增值税专用发票上注明的设备买价为 500 000 元，增值税税额为 65 000 元，发生的运杂费为 2 000 元，企业开出支票结算款项，设备已交付使用。

（2）公司另新购一台需要安装的设备，取得增值税专用发票上注明的设备买价为 100 000 元，增值税税额为 13 000 元，发生的运杂费为 2 000 元，银行存款结算；安装过程中，发生各项安装支出共计 5 000 元，企业开出支票结算款项；设备安装完毕交付使用。

（3）泰山公司当月应提折旧的固定资产（假设全部是生产设备），账面原价为 12 000 000 元，预计净残值率为 2%，预计使用年限为 10 年，平均年限法计提折旧。先计算本月应提折旧额（写出计算过程），再做出本月计提折旧的会计处理。

【要求】做出该公司相关业务的会计分录。

练习三

【目的】固定资产处置的会计处理。

【资料】泰山公司为增值税一般纳税人，因遭受台风袭击毁损一座仓库，该仓库原价 4 000 000 元，已计提折旧 1 000 000 元，未计提减值准备。其残料估计价值 50 000 元，残料已办理入库。发生清理费用并取得增值税专用发票，注明的装卸费为 20 000 元，增值税税额为 1 200 元，全部款项以银行存款支付。收到保险公司理赔款 1 500 000 元，存入银行。假定不考虑其他相关税费。

【要求】请做出泰山公司应编制的会计分录。

练习四

【目的】无形资产取得、摊销的会计处理。

【资料】泰山公司购买一项非专利技术。该非专利技术价值为 180 000 元，使用寿命为 5 年，预计净残值为 0 元。

【要求】编制取得无形资产及每月摊销该非专利技术的会计分录。

练习五

【目的】出售无形资产的会计处理。

【资料】泰山公司为增值税一般纳税人，将其购买的一项专利权转让给乙公司，开具增值税专用发票，注明价款 500 000 元，税率 6%，增值税税额 30 000 元，全部款项 530 000 已存入银行。该专利权的成本为 600 000 元，已摊销 220 000 元。

【要求】做出泰山公司出售无形资产过程中的会计分录。

三、练习题参考答案

（一）单项选择题

1. D	2. C	3. C	4. B	5. A	6. A
7. B	8. D	9. B	10. D	11. D	12. C
13. C	14. D	15. A	16. B	17. D	18. A
19. B	20. D				

（二）多项选择题

1. ACD	2. ABD	3. BC	4. AC	5. BCD	6. AB
7. ABCD	8. ABCD				

（三）判断题

1. ×	2. ×	3. √	4. ×	5. √	6. ×
7. ×	8. ×				

（四）业务题

练习一

（1）100 000 + 3 500 = 103 500（元）

（2）每月应提折旧额 = (103 500 – 1 500)/(5 × 12) = 1 700（元）

（3）第一年折旧额 = (103 500 – 1 500) × 5/15 = 34 000（元）

第二年折旧额 = (103 500 – 1 500) × 4/15 = 27 200（元）

练习二

（1）借：固定资产　　　　　　　　　　　　　　　502 000

　　　　应交税费——应交增值税（进项税额）　　　65 000

　　　贷：银行存款　　　　　　　　　　　　　　　　　567 000

（2）借：在建工程　　　　　　　　　　　　　　　102 000

　　　　应交税费——应交增值税（进项税额）　　　13 000

贷：银行存款	115 000
借：在建工程	5 000
贷：银行存款	5 000
借：固定资产	107 000
贷：在建工程	107 000

（3）本月应提折旧额 = 12 000 000 × （1 − 2%） ÷ 10 ÷ 12 = 9 800（元）

借：制造费用	9 800
贷：累计折旧	9 800

练习三

（1）将毁损的仓库转入清理时：

借：固定资产清理	3 000 000
累计折旧	1 000 000
贷：固定资产	4 000 000

（2）残料入库时：

借：原材料	50 000
贷：固定资产清理	50 000

（3）支付清理费用时：

借：固定资产清理	20 000
应交税费——应交增值税（进项税额）	1 200
贷：银行存款	21 200

（4）确认并收到保险公司理赔款项时：

借：其他应收款	1 500 000
贷：固定资产清理	1 500 000
借：银行存款	1 500 000
贷：其他应收款	1 500 000

（5）结转毁损固定资产损失时：

借：营业外支出——非常损失	1 470 000
贷：固定资产清理	1 470 000

在本例中，固定资产清理完毕时，"固定资产清理"科目为借方余额 1 470 000 元（3 000 000 − 50 000 + 20 000 − 1 500 000），由于属于自然灾害等非正常原因造成的清理净损失，应结转至"营业外支出——非常损失"科目的借方，结转后"固定资产清理"科目无余额。

练习四

借：无形资产	230 000	
贷：实收资本		230 000
借：管理费用	3 000	
贷：累计摊销		3 000

练习五

借：银行存款	530 000	
累计摊销	220 000	
贷：无形资产		600 000
应交税费——应交增值税（销项税额）		30 000
资产处置损益		120 000

四、复习思考题及参考答案

1. 什么是固定资产？它有何特征？其确认条件有哪些？

答：固定资产，是指为生产商品、提供劳务、出租或经营管理而持有的；使用寿命超过一个会计年度的有形资产。

固定资产的特征：固定资产是有形资产；持有目的为生产商品、提供劳务、出租或经营管理，而不是直接用于出售；使用寿命超过一个会计年度。

固定资产的确认条件：与该固定资产有关的经济利益很可能流入企业；该固定资产的成本能够可靠地计量。

2. 企业外购取得的固定资产，其入账价值应如何确定？

答：企业取得固定资产的渠道有很多，如外购、自行建造、投资者投入、租入、非货币性资产交换等，但是不论通过哪种渠道取得的固定资产，固定资产的初始成本，都是其达到预定可使用状态之前一切合理必要的开支（不包括可以抵扣的增值税进项税额）。就外购固定资产具体而言，外购不需要安装的固定资产取得成本包括：实际支付的购买价款、包装费、运杂费、保险费、专业人员服务费和相关税费（不含可抵扣的增值税进项税额）等。需要安装的固定资产按其取得成本和达到预定可使用状态前发生的安装费用确定入账价值。

3. 什么是固定资产折旧？其影响因素有哪些？

答：固定资产折旧，是指在固定资产使用寿命内，按照确定的方法对应计折旧额进行系统分摊。应计折旧额，是指应当计提折旧的固定资产的原价扣除其预计净残值后的金额。如果已计提减值准备的固定资产，还应当扣除已计提的固定资产减值准备累计金额。固定资产折旧的过程，实际上是一个持续的成本分配过程，企业在固定资产的使用寿命内将固定资产的价值进行系统、合理地分摊，计入各期的成本或费用，从各期实现的收入中获得补偿。

影响固定资产折旧的因素包括：固定资产原价、预计净残值、预计使用寿命和固定资产减值准备。

4. 固定资产折旧的计算方法有哪几种？采用加速折旧法的主要理由是什么？

答：固定资产的折旧计算方法主要包括四种：年限平均法、工作量法、双倍余额递减法和年数总和法。

加速折旧法的特点是在固定资产使用寿命内各年度提取的折旧额呈递减趋势。考虑到了固定资产在其使用前期工作效率相对较高，所带来的经济利益也就多，因此前期提取的折旧额也高，做到收入与费用相配比。

5. 企业应如何核算固定资产的处置？

答：固定资产处置的核算，除了要反映固定资产账面价值的减少情况外，还要反映企业在固定资产处置过程中所发生的支出和取得的收入以及净损益的结转等情况。

固定资产处置的核算一般经过下面几步：

第一，固定资产转入清理。按固定资产账面价值，借记"固定资产清理"科目，按已计提的累计折旧，借记"累计折旧"科目，按已计提的减值准备，借记"固定资产减值准备"科目，按固定资产原价，贷记"固定资产"科目。

第二，发生的清理费用。企业在固定资产清理过程中发生的相关税费及其他费用，借记"固定资产清理"科目，贷记"银行存款""应交税费"等科目。

第三，出售收入、残料等的处理。企业收回出售固定资产的价款、残料价值和变价收入等，应冲减清理支出，借记"银行存款""原材料"等科目，贷记"固定资产清理""应交税费——应交增值税（销项税额）"等科目。

第四，保险赔偿的处理。企业计算或收到的应由保险公司或过失人赔偿的损失，应借记"其他应收款""银行存款"等科目，贷记"固定资产清理"科目。

第五，清理净损益的处理。固定资产清理完成后产生的清理净损益，分情况处理：

（1）属于正常出售、转让所产生的利得或损失，应计入资产处置损益。确认处置净损失时，借记"资产处置损益"科目，贷记"固定资产清理"科目；如为净收益，借记"固定资产清理"科目，贷记"资产处置损益"科目。

（2）属于已丧失使用功能正常报废所产生的损失，借记"营业外支出——非流动资产处置损失（正常原因）"，贷记"固定资产清理"科目；如为净收益，借记"固定资产清理"科目，贷记"营业外收入——非流动资产处置利得"。

（3）属于自然灾害等非正常原因造成的损失，借记"营业外支出——非常损失（非正常原因）"科目，贷记"固定资产清理"科目，如为净收益，借记"固定资产清理"科目，贷记"营业外收入——非流动资产处置利得"。

6. 什么是无形资产？它有何特征？

答：无形资产是指企业拥有或者控制的，没有实物形态的可辨认非货币性资产。其主要包括专利权、非专利技术、商标权、著作权、土地使用权、特许权等。

无形资产具有三个主要特征：

一是不具有实物形态。无形资产是不具有实物形态的非货币性资产。它不像固定资产、存货等资产，具有实物形态。

二是具有可辨认性。企业资产满足下列条件之一是符合无形资产定义中的可辨认标准：

（1）能够从企业中分离或者划分出来，并能单独或者与相关资产附在一起，用于出售、转让、授予许可、独立或者交换。

（2）源自合同性权利或其他法定权利，无论这些权利是否可以从企业或其他权利和义务中转移或者分离。商誉由于无法与企业自身分离而存在，不具有可辨认性，不属于无形资产。

三是属于非货币性长期资产。无形资产属于非货币性资产，且能够在多个会计期间为企业带来经济利益。无形资产的使用年限在一年以上，其价值将在各个受益期间逐渐摊销。

7. 企业外购以及自行研究开发取得的无形资产应如何计量？

答：取得的无形资产，应当按照成本进行初始计量。外购无形资产的成本，包括购买价款、相关税费以及直接归属于使该项资产达到预定用途所发生的其他支出。企业内部研究开发无形资产的支出，应当区分研究阶段与开发阶段分别进行账务处理。研究阶段的支出全部费用化，计入当期损益（管理费用）；开发阶段的支出符合资本化条件的，确认为无形资产，不符合资本化条件的计入当期损益。无法区分研究阶段支出和开发阶段支出，应当将其所发生的研发支出全部费用化，计入当期损益。

开发阶段的支出，同时满足下列条件的，才能予以资本化，计入无形资产的成本：（1）完成该无形资产以使其能够使用或出售在技术上具有可行性；（2）具有完成该无形资产并使用或出售的意图；（3）无形资产产生经济利益的方式，包括能够证明运用该无形资产生产的产品存在市场或无形资产自身存在市场，无形资产将在内部使用的，应当证明其有用性；（4）有足够的技术开发，并有能力使用或出售该无形资产；（5）归属于该无形资产开发阶段的支出能够可靠地计量。

8. 某会计师事务所是由王林、刘力出资成立的，2020 年 6 月 10 日，事务所用银行存款 10 000 元购买了一台电脑，用来办公使用，该事务所会计将这 10 000 元的支出一次性全部记入当月管理费用，这种做法是正确吗？为什么？

答：不正确。因为用来办公的电脑应该作为固定资产入账，而不能一次性记入当月管理费用。

9. 罗伯特·伍德鲁夫被美国人誉为"可口可乐之父"，他曾经说过："假如可口可乐所有的工厂一夜之间被大火全部烧毁，但它能在一夜之间起死回生。"可口可乐公司为何有如此底气呢？

（1）利用你学过的关于资产的会计知识，说明可口可乐公司主要依靠什么来赚钱呢？

（2）会计核算上同类资产还有哪些？举例说明。

答：（1）无形资产中的非专利技术。（2）非专利技术、商标权、著作权等，列示无形资产的举例即可。

五、会计思政教材案例与分析提示

【案例】

2017 年 8 月，亚泰集团发布了一则公告：《关于吉林亚泰（集团）股份有限公司所属水泥生产行业子公司固定资产折旧年限会计估计变更的专项说明》。通过这个专项说明，可以了解到亚泰集团调整了折旧年限，并对当期利润造成了重大影响，由于亚泰集团是重资产企业，据 2016 年年报，固定资产总额 128 亿元，此次折旧年限调整，少提折旧 5 142 万元，相应地，在没有任何经营改善的前提下，就能增加本年净利润 5 142 万元。

图 4-1 显示亚泰集团五年来的固定资产、累计折旧和净利润曲线，该公司近年来盈利压力非常大，累计折旧不断攀升，蚕食了相当一部分利润。为了避免报表亏损，亚泰集团调整了折旧年限调整的手段，不惜损失巨额税款，也要确保盈利。

思考：请结合固定资产折旧等相关知识，分析亚泰集团这种做法合适吗？为什么？请简要分析这种做法对企业和其他利益相关者的影响分别是什么？

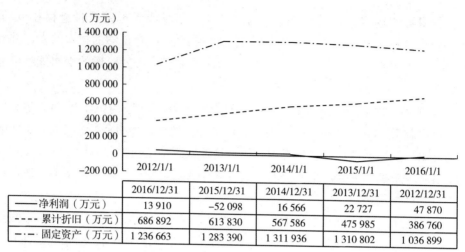

	2016/12/31	2015/12/31	2014/12/31	2013/12/31	2012/12/31
——净利润（万元）	13 910	−52 098	16 566	22 727	47 870
----累计折旧（万元）	686 892	613 830	567 586	475 985	386 760
—·—固定资产（万元）	1 236 663	1 283 390	1 311 936	1 310 802	1 036 899

图 4-1 亚泰集团近五年固定资产、累计折旧和净利润曲线

【分析提示】

第一问答案：不合适。因为为了确保会计信息的可比性，固定资产的使用寿命、预计净残值和折旧方法一经确定，不得随意变更。除非与固定资产有关的经济利益预期实现方式有重大改变。显然亚泰集团仅为了调整利润，随意变更固定资产使用寿命，致使在没有任何经营改善的前提下，就能增加本年净利润 5 142万元，会误导投资者决策。

第二问答案：对企业的影响：企业仅针对报表是否显示盈利作出账务调整，而未从企业真正改善经营角度出发，探索提升企业业绩的有效手段，对企业发展无任何实质性帮助，不利于企业发展；对其他利益相关者，如对投资者而言，未能如实反映企业真实情况，对投资者决策有误导。同学们还可从债权人、政府等角度进行思考。

第五章 负   债

一、本章要点速览

本章重点是理解和掌握各种负债的基本概念及其核算方法；难点是掌握短期借款利息和应交增值税的会计处理。

负债是指企业过去的交易或者事项形成的、预期会导致经济利益流出企业的现时义务。按流动性不同（或偿还期限的长短），分为流动负债和非流动负债。流动负债是指预计在一个正常营业周期中清偿，或者主要为交易目的而持有，或者自资产负债表日起1年内（含1年）到期应予以清偿，或者企业无权自主地将清偿推迟至资产负债表日后1年以上的负债。主要包括短期借款、应付票据、应付账款、预收账款、合同负债、应付职工薪酬、应付股利、应付利息、应交税费、其他应付款等。非流动负债是指流动负债以外的负债，包括长期借款、应付债券、长期应付款等。

（一）短期借款

短期借款是指企业从银行或其他金融机构等借入的期限在1年以下（含1年）的各种款项。企业借入短期借款，需向债权人按期偿还借款的本金和利息，并及时反映款项的借入、利息的结算和本息的偿还情况。企业取得短期借款时，借记"银行存款"科目，贷记"短期借款"科目。如果企业的短期借款利息按月支付，或者在借款到期时连同本金一起归还，并且数额不大的，直接借记"财务费用"科目，贷记"银行存款"科目；如果短期借款利息是按期支付的，如按季度支付利息，或者利息是在借款到期时连同本金一起归还，并且数额较大的，在资产负债表日，企业应当按照计算确定的短期借款利息费用，借记"财务费用"科目，贷记"应付利息"科目；实际支付利息时，借记"应付利息"科目，贷记"银行存款"科目。短期借款到期偿还本金时，企业应借记"短期借款"科目，贷记"银行存款"科目。

（二）应付及预收款

应付票据是指企业购买材料、商品和接受劳务供应等而开出、承兑的商业汇票。企业因购买材料、商品和接受劳务供应等而开出、承兑的商业汇票，应当按其票面金额作为应付票据的入账金额，借记"在途物资""原材料""库存商品""应付账款""应交税费——应交增值税（进项税额）"等科目，贷记"应付票据"科目。企业因开出银行承兑汇票而支付银行承兑汇票手续费时，借记"财务费用"科目，贷记"银行存款"科目。企业开具的商业汇票到期支付票据款时，应借记"应付票据"科目，贷记"银行存款"科目。应付商业承兑汇票到期，如企业无力支付票款，企业应借记"应付票据"科目，贷记"应付账款"科目；应付银行承兑汇票到期，如企业无力支付票款，企业应借记"应付票据"科目，贷记"短期借款"科目。

应付账款是指企业因购买材料、商品或接受劳务供应等经营活动而应付给供应单位的款项。购入材料、商品等验收入库，但货款尚未支付，企业应借记"在途物资""原材料""库存商品"等科目，借记"应交税费——应交增值税（进项税额）"科目，按应付的款项，贷记"应付账款"科目。接受供应单位提供劳务而发生的应付未付款项，企业应借记"生产成本""管理费用"等科目，借记"应交税费——应交增值税（进项税额）"科目，贷记"应付账款"科目。企业偿还应付账款或开出商业汇票抵付应付账款时，借记"应付账款"科目，贷记"银行存款""应付票据"等科目。

预收账款是指企业按照合同规定预收的款项。合同负债是指企业已收或应收客户对价而应向客户转让商品的义务。如果收取的款项不构成交付商品或提供劳务的履约义务，则属于预收账款；反之，则属于合同负债。确认预收账款的前提是收到了款项，确认合同负债则不以是否收到款项为前提，而以合同中履约义务的确立为前提。因转让商品收到的预收款使用收入准则进行会计处理时，合同负债因为强调了履约义务，在很大的程度上能够替代原来的"预收账款""递延收益"科目。根据合同规定，企业收到客户对价而承担向客户转让商品或服务的义务时，应当按实际收到的金额，借记"银行存款"等科目，贷记"合同负债""应交税费——待转销项税额"等科目；企业按照合同约定向客户转让相关商品或服务确认收入时，借记"合同负债""应交税费——待转销项税额"等科目，贷记"主营业务收入""应交税费——应交增值税（销项税额）"等科目。

应付利息是指企业按照合同约定应支付的利息。企业采用合同约定的利率计算确定利息费用时，按应付合同利息金额，借记"财务费用"等科目，贷记"应付利息"科目；实际支付利息时，借记"应付利息"科目，贷记"银行存款"等科目。

应付股利是指企业根据股东大会或类似机构审议批准的利润分配方案确定分配给投资者的现金股利或利润。企业根据股东大会或类似机构审议批准的利润分配方案，确定或宣告应付给投资者的现金股利或利润时，借记"利润分配——应付现金股利或应付利润"科目，贷记"应付股利"科目；向投资者实际支付现金股利或利润时，借记"应付股利"科目，贷记"银行存款"等科目。企业分配的股票股利不通过"应付股利"科目核算。

其他应付款是指企业除应付票据、应付账款、预收账款、应付职工薪酬、应交税费、应付利息、应付股利等经营活动以外的其他各项应付、暂收的款项，如租入包装物租金、存入保证金等。企业发生其他各种应付、暂收款项时，借记"管理费用""银行存款"等科目，贷记"其他应付款"科目；支付或退回其他各种应付、暂收款项时，借记"其他应付款"科目，贷记"银行存款"等科目。

（三）应付职工薪酬

职工，是指与企业订立劳动合同的所有人员，含全职、兼职和临时职工，也包括虽未与企业订立劳动合同但由企业正式任命的人员。

职工薪酬是指企业为获得职工提供的服务或解除劳动关系而给予的各种形式的报酬或补偿。职工薪酬包括短期薪酬、离职后福利、辞退福利和其他长期职工福利。企业提供给职工配偶、子女、受赡养人、已故员工遗属及其他受益人等的福利，也属于职工薪酬。

企业对于货币性短期薪酬，生产部门人员的借记"生产成本""制造费用""劳务成本"等科目，贷记"应付职工薪酬"科目；管理人员的借记"管理费用"科目，贷记"应付职工薪酬"科目；销售人员的借记"销售费用"科目，贷记"应付职工薪酬"科目；应由在建工程、研发支出负担的职工薪酬，借记"在建工程""研发支出"科目，贷记"应付职工薪酬"科目。企业按照有关规定向职工支付工资、奖金、津贴、补贴等，借记"应付职工薪酬——工资"科目，贷记"银行存款""库存现金"等科目；企业从应付职工薪酬中扣还的各种款项（代垫的家属药费、个人所得税等），借记"应付职工薪酬"科目，贷记"银行存款""库存现金""其他应收款""应交税费——应交个人所得税"等科目。

对于设定提存计划，企业应当根据在资产负债表日为换取职工在会计期间提供的服务而应向单独主体缴存的提存金，借记"生产成本""制造费用""管理费用""销售费用""在建工程""研发支出"等科目，贷记"应付职工薪酬——设定提存计划"科目。

（四）应交税费

增值税是以商品（含应税劳务、应税行为）在流转过程中实现的增值额作为计税依据而征收的一种流转税。增值税一般纳税人的应纳税额＝当期销项税额－当期进项税额，其中销项税额＝销售额×增值税税率，"当期进项税额"是指纳税人购进货物、加工修理修配劳务、服务、无形资产或者不动产，支付或者负担的增值税税额。

增值税一般纳税人购进货物、加工修理修配劳务、服务、无形资产或者不动产，按应计入相关成本费用或资产的金额，借记"在途物资""原材料""库存商品""生产成本""无形资产""固定资产""管理费用"等科目，按当月已认证的可抵扣增值税税额，借记"应交税费——应交增值税（进项税额）"科目，按应付或实际支付的金额，贷记"应付账款""应付票据""银行存款"等科目。购进货物等发生的退货，应做相反的会计分录。企业销售货物、加工修理修配劳务、服务、无形资产或不动产，应当按应收或已收的金额，借记"应收账款""应收票据""银行存款"等科目，按取得的收益金额，贷记"主营业务收入""其他业务收入""固定资产清理"等科目，按现行增值税制度规定计算的销项税额，贷记"应交税费——应交增值税（销项税额）"。企业交纳当月应交的增值税，借记"应交税费——应交增值税（已交税金）"科目，贷记"银行存款"科目；企业交纳以前期间未交的增值税，借记"应交税费——未交增值税"科目，贷记"银行存款"科目。月度终了，企业应当将当月应交未交或多交的增值税自"应交增值税"明细科目转入"未交增值税"明细科目。对于当月应交未交的增值税，借记"应交税费——应交增值税（转出未交增值税）"科目，贷记"应交税费——未交增值税"科目；对于当月多交的增值税，借记"应交税费——未交增值税"科目，贷记"应交税费——应交增值税（转出多交增值税）"科目。

消费税是指在我国境内生产、委托加工和进口应税消费品的单位和个人，按其流转额交纳的一种税。企业销售应税消费品应交的消费税，应借记"税金及附加"科目，贷记"应交税费——应交消费税"科目；按规定交纳应交纳的消费税，借记"应交税费——应交消费税"科目，贷记"银行存款"科目。

资源税是对在我国境内开采矿产品或者生产盐的单位和个人征收的税。对外销售应税产品应交纳的资源税，借记"税金及附加"科目，贷记"应交税费——应交资源税"科目。

城市维护建设税是以增值税和消费税为计税依据征收的一种税。企业按规定计算出应缴纳的城市维护建设税，借记"税金及附加"等科目，贷记"应交税费——应交城市维护建设税"科目。交纳城市维护建设税，借记"应交税费—— 应交城市维护建设税"科目，贷记"银行存款"科目。

教育费附加是指为了加快发展地方教育事业、扩大地方教育经费资金来源而向企业征收的附加费用。企业按规定计算出应交纳的教育费附加，借记"税金及附加"等科目，贷记"应交税费——应交教育费附加"科目。交纳教育费附加，借记"应交税费—— 应交教育费附加"科目，贷记"银行存款"科目。

企业职工按规定应交纳的个人所得税通常由单位代扣代缴。企业按规定计算的代扣代缴的职工个人所得税，借记"应付职工薪酬"科目，贷记"应交税费——应交个人所得税"科目；企业交纳个人所得税时，借记"应交税费——应交个人所得税"科目，贷记"银行存款"等科目。

（五）长期借款

长期借款是指企业从银行或其他金融机构借入的期限在 1 年以上（不含 1 年）的各种借款。企业从银行或其他金融机构借入长期借款时按实际收到的款项，借记"银行存款"科目，按借款本金，贷记"长期借款——本金"科目，如存在差额，还应借记"长期借款——利息调整"科目。在资产负债表日，企业应按长期借款的摊余成本和实际利率计算确定的利息费用，借记"在建工程""财务费用"等科目，按借款本金和合同利率计算确定的应付未付利息，如果属于分期付息的，贷记"应付利息"科目，如果属于到期一次付息的，应记入"长期借款——应计利息"科目。按其差额，贷记"长期借款——利息调整"科目。当实际利率与合同利率差异较小的，也可以采用合同利率计算确定利息费用。企业归还长期借款时，按归还的借款本金，借记"长期借款——本金""应付利息""长期借款——应计利息"科目，按转销的利息调整金额，贷记"长期借款——利息调整"科目，按实际归还的款项，贷记"银行存款"科目，按借贷双方之间的差额，借记"在建工程""财务费用"等科目。

二、练习题

（一）单项选择题

1. 负债是指由过去交易或事项所引起的企业的（ ）。

    A. 过去义务   B. 现时义务

    C. 将来义务   D. 潜在义务

2. 负债分为流动负债和非流动负债的根据是（ ）。

    A. 金额大小   B. 偿还期长短

    C. 取得的来源　　　　　　　　　　D. 是否支付利息

3. 下列各项中，属于流动负债的是（　　　）。

    A. 长期借款　　　　　　　　　　　B. 应付债券

    C. 长期应付款　　　　　　　　　　D. 应付职工薪酬

4. 下列各项中，属于非流动负债的是（　　　）。

    A. 应付账款　　　　　　　　　　　B. 应交税费

    C. 应付债券　　　　　　　　　　　D. 应付职工薪酬

5. 下列交易或事项中，泰山公司应确认为流动负债的是（　　　）。

    A. 购买的甲公司发行的 6 个月到期的债券

    B. 预收乙公司的货款 10 万元，拟 3 个月后交货

    C. 从银行借入的五年到期还本付息的款项

    D. 拟于 3 个月后采用赊购的方式购买设备一台

6. 企业支付的银行承兑手续费应记入的会计科目是（　　　）。

    A. 应付票据　　　　　　　　　　　B. 应付利息

    C. 财务费用　　　　　　　　　　　D. 营业外支出

7. 企业确实无法支付的应付账款经批准应记入的会计科目是（　　　）。

    A. 资本公积　　　　　　　　　　　B. 营业外支出

    C. 营业外收入　　　　　　　　　　D. 其他业务收入

8. 企业为增值税一般纳税人，交纳当月应交的增值税，应通过的会计科目是（　　　）。

    A. 应交税费——未交增值税

    B. 应交税费——应交增值税（已交税金）

    C. 应交税费——应交增值税（转出多交增值税）

    D. 应交税费——应交增值税（转出未交增值税）

9. 不通过"税金及附加"科目核算的是（　　　）。

    A. 消费税　　　　　　　　　　　　B. 资源税

    C. 增值税　　　　　　　　　　　　D. 城市维护建设税

10. 下列属于"短期借款"科目核算内容的是（　　　）。

    A. 偿还期仅剩 5 个月的长期借款

    B. 购买原材料，尚未支付给供货商的货款

    C. 从银行取得的偿还期 5 个月的季节性贷款

    D. 从银行外的其他金融机构取得的偿还期 2 年的专项工程贷款

11. 在权责发生制下，按月计提短期借款利息会增加（　　　）。

    A. 管理费用　　　　　　　　　　　B. 财务费用

C. 销售费用 D. 制造费用

12. 银行承兑汇票到期企业无法支付时，应做的账务处理是（ ）。

A. 转作短期借款 B. 转作应付账款

C. 转作其他应付款 D. 不做账务处理

13. 泰山公司 4 月 1 日从银行借入短期借款 200 万元，期限 4 个月，年利率 6%，到期还本付息，每月计息，则泰山公司因该笔借款应计入 4 月份财务费用为（ ）元。

A. 0 B. 5 000

C. 10 000 D. 60 000

14. 计提短期借款的利息支出时，应贷记的账户为（ ）。

A. 财务费用 B. 短期借款

C. 应付利息 D. 在建工程

15. 短期借款的利息不预提直接支付时，应贷记的账户是（ ）。

A. 财务费用 B. 在建工程

C. 应付利息 D. 银行存款

16. 应付账款账户期初贷方余额为 17 700 元，本期借方发生额为 8 950 元，本期贷方发生额为 13 150 元，该账户期末余额为（ ）。

A. 贷方 13 500 元 B. 借方 21 900 元

C. 贷方 21 900 元 D. 借方 13 500 元

17. 到期的商业承兑汇票企业无法支付时，应当进行的会计处理是（ ）。

A. 转作短期借款 B. 转作应付账款

C. 转作营业外收入 D. 转作其他应付款

18. 下列各项中，不会引起"应付票据"科目余额发生增减变动的是（ ）。

A. 开出商业承兑汇票购买原材料

B. 转销已到期无力支付票款的商业承兑汇票

C. 转销已到期无力支付票款的银行承兑汇票

D. 支付银行承兑汇票手续费

19. 生产车间管理人员的工资费用在分配时应记入的会计科目是（ ）。

A. 生产成本 B. 管理费用

C. 制造费用 D. 主营业务成本

20. 销售人员的工资费用在分配时应记入的会计科目是（ ）。

A. 销售费用 B. 管理费用

C. 制造费用 D. 主营业务成本

21. 行政管理人员的工资费用在分配时应记入的会计科目是（ ）。

    A. 销售费用　　　　　　　　　　B. 管理费用

    C. 制造费用　　　　　　　　　　D. 主营业务成本

22. 企业应缴纳的消费税，应借记的账户是（　　　　）。

    A. 管理费用　　　　　　　　　　B. 销售费用

    C. 税金及附加　　　　　　　　　D. 主营业务成本

23. 泰山公司 20×3 年 7 月 1 日从银行借入资金 60 万元，期限 6 个月，年利率为 6%，到期还本，按月计提利息，按季付息。该企业 7 月 31 日应计提的利息为（　　　　）万元。

    A. 0.3　　　　　　　　　　　　B. 0.6

    C. 0.9　　　　　　　　　　　　D. 3.6

24. 企业为固定资产购建、改扩建工程、大修理工程等而从银行等金融机构借入的款项称作（　　　　）。

    A. 长期借款　　　　　　　　　　B. 短期借款

    C. 长期负债　　　　　　　　　　D. 流动负债

25. 企业为维持正常的生产经营所需资金而从银行等金融机构临时借入的款项称作（　　　　）。

    A. 长期借款　　　　　　　　　　B. 短期借款

    C. 长期负债　　　　　　　　　　D. 流动负债

（二）多项选择题

1. 下列各项中，属于负债筹资的有（　　　　）。

    A. 短期借款　　　　　　　　　　B. 长期借款

    C. 资本公积　　　　　　　　　　D. 所有者投入的资本

2. 下列各项中，可能属于对金融机构的负债的有（　　　　）。

    A. 应付利息　　　　　　　　　　B. 短期借款

    C. 长期借款　　　　　　　　　　D. 财务费用

3. 下列关于应付票据的说法中，正确的有（　　　　）。

    A. 应付票据属于流动负债

    B. 应付票据账户期末余额在贷方

    C. 应付票据包括商业承兑汇票和银行承兑汇票

    D. 商业汇票按照是否带息，分为带息票据和不带息票据

4. 下列各项中，一般通过"应交税费"科目核算的税费有（　　　　）。

    A. 消费税　　　　　　　　　　　B. 印花税

    C. 增值税　　　　　　　　　　　D. 城市维护建设税

5. 企业从银行借入的期限为 3 个月的借款，到期还本付息。到期偿还借款利息时所编制会计分录可能涉及的账户有（   ）。

　　A. 应付利息 　　　　　　　　　B. 财务费用

　　C. 短期借款 　　　　　　　　　D. 银行存款

6. 泰山公司 20×3 年给职工缴纳了 50 万元商业保险费，发放米、面、油福利 10 万元，节日给职工发红包福利 2 万元，给临时工发放 5 万元工资，应列入应付职工薪酬中核算的有（   ）。

　　A. 商业保险费 　　　　　　　　B. 红包福利

　　C. 米、面、油福利 　　　　　　D. 临时工工资

7. 下列各项中，可以作为短期借款的明细账进行核算的有（   ）。

　　A. 借款种类 　　　　　　　　　B. 借款人

　　C. 币种 　　　　　　　　　　　D. 期限

8. 下列各项中，应当确认为负债的有（   ）。

　　A. 从银行借入的款项

　　B. 因购买材料应付未付的款项

　　C. 因销售商品而预收的定金

　　D. 因销售商品而应收的款项

9. 下列应付职工薪酬中，属于短期薪酬的有（   ）

　　A. 住房公积金

　　B. 职工福利费

　　C. 离职后福利

　　D. 职工工资、奖金、津贴和补贴

10. 下列各项中，可以通过"应交税费"科目核算的有（   ）。

　　A. 消费税 　　　　　　　　　　B. 增值税

　　C. 房产税 　　　　　　　　　　D. 车船税

11. 职工薪酬包括（   ）。

　　A. 工资 　　　　　　　　　　　B. 社会保险费

　　C. 职工教育经费 　　　　　　　D. 工会经费

12. 长期借款核算涉及的会计科目有（   ）。

　　A. 长期借款——本金 　　　　　B. 长期借款——应计利息

　　C. 财务费用 　　　　　　　　　D. 在建工程

（三）判断题

1. 职工薪酬是指企业为获得职工提供的服务或解除劳动关系而给予各种形

式的报酬或补偿。　　　　　　　　　　　　　　　　　　　　　（　　）

2. 企业发生的货币性职工薪酬按受益对象计入当期损益或相关资产成本。

（　　）

3. 企业的债权人，享有按约收回本金和利息的权利。　　　　　（　　）

4. 应收及预收款项是资产，应付及预付款项是负债。　　　　　（　　）

5. 短期借款账户核算企业短期借款本金和应计的利息。　　　　（　　）

6. 企业根据股东大会或类似机构审议批准的利润分配方案，确认应付给投资者的现金股利或利润，均通过"应付股利"科目核算。　　　　　（　　）

7. 职工薪酬，是指企业为获得职工提供的服务而给予的货币性支出。

（　　）

8. 月度终了，企业应将本月应交未交的增值税自"应交税费——应交增值税"明细科目转入"应交税费——未交增值税"明细科目。　　　（　　）

9. 资产负债表日企业按工资总额的一定比例计提的基本养老保险属于设定提存计划，应确认为应付职工薪酬。　　　　　　　　　　　　（　　）

10. 应付债券属于流动负债。　　　　　　　　　　　　　　　　（　　）

（四）业务题

练习一

【目的】通过练习，掌握短期借款的核算方法。

【资料】泰山公司20×3年4月1日从银行借入短期借款150 000元，年利率为8%，借款期限为6个月，到期一次还本，利息按月预提，每季末支付。

【要求】根据上述资料，编制该公司借款借入、计息、付息和还本的会计分录。

练习二

【目的】通过练习，掌握应付职工薪酬的核算方法。

【资料】泰山公司20×3年3月应付工资总额为111 000元，"工资费用分配汇总表"中列示的生产工人工资60 000元；生产车间管理人员工资20 000元；行政管理人员工资15 000元；在建工程人员工资9 000元；专设销售机构人员工资7 000元。其中，代扣职工房租3 000元。企业以银行存款支付职工工资。

【要求】根据上述资料，编制会计分录。

练习三

【目的】通过练习，掌握应交增值税的核算方法。

【资料】泰山公司为增值税一般纳税人，适用的增值税税率为13%，原材料按实际成进行核算。该公司 20×3 年 7 月发生下列经济业务：

（1）购进原材料一批，取得的增值税专用发票上注明的原材料价款为 50 000 元，增值税税额为 6 500 元，企业开出 3 个月的商业承兑汇票一张，材料已经到达并验收入库。

（2）购进不需要安装的机器设备一台，取得的增值税专用发票上注明的价款为 200 000 元，增值税税额为 26 000 元，机器设备已经投入使用，款项通过银行存款支付。

（3）销售产品，价款为 300 000 元，开出的增值税专用发票上注明的增值税税额为 39 000 元，款项均已收到，存入银行。

（4）7 月共发生增值税销项税额合计 39 000 元，增值税进项税额合计 32 500 元，假设没有其他增值税发生额，用银行存款交纳当月增值税。

【要求】根据上述资料，编制会计分录。

练习四

【目的】通过练习，掌握其他流动负债的核算方法。

【资料】泰山公司 20×3 年 6 月发生下列经济业务：

（1）从 A 企业购入材料一批，增值税专用发票上注明的材料价款为 30 000 元，增值税税额为 3 900 元，款项尚未支付，材料尚未到达企业。该公司采用实际成本核算原材料。

（2）偿付之前签发的应付不带息商业承兑汇票一张，该票据面值为 50 000 元，款项已通过银行付讫。

（3）按合同预收 B 公司购货款 11 300 元，款项已存入银行。

（4）向 B 公司发出商品，发票已经开出，增值税专用发票上注明的商品价款为 10 000 元，增值税税额为 1 300 元，余款尚未收到。

（5）收到 C 公司交来的出租设备的押金 5 000 元，已存入银行。

（6）经确认，欠 D 公司的货款 4 000 元无法支付，经批准予以转销。

【要求】根据上述资料，编制会计分录。

三、练习题参考答案

（一）单项选择题

1. B	2. B	3. D	4. C	5. B	6. C
7. C	8. B	9. C	10. C	11. B	12. A

13. C　　14. C　　15. D　　16. C　　17. B　　18. D

19. C　　20. A　　21. B　　22. C　　23. A　　24. A

25. B

（二）多项选择题

1. AB　　2. ABC　　3. ABCD　　4. ACD　　5. ABD　　6. ABCD

7. ABC　　8. ABC　　9. ABD　　10. ABCD　　11. ABCD　　12. ABCD

（三）判断题

1. √　　2. √　　3. √　　4. ×　　5. ×　　6. √

7. ×　　8. √　　9. √　　10. ×

（四）业务题

练习一

（1）20×3年4月1日取得借款时：

借：银行存款　　　　　　　　　　　　　　　　　　150 000

　　贷：短期借款　　　　　　　　　　　　　　　　　　150 000

（2）20×3年4月末计提短期借款计息1 000元（150 000×8%÷12）时：

借：财务费用　　　　　　　　　　　　　　　　　　1 000

　　贷：应付利息　　　　　　　　　　　　　　　　　　1 000

5月末计提短期借款利息的分录同上。

（3）20×3年6月末支付本季利息时：

借：应付利息　　　　　　　　　　　　　　　　　　2 000

　　财务费用　　　　　　　　　　　　　　　　　　1 000

　　贷：银行存款　　　　　　　　　　　　　　　　　　3 000

（4）7月、8月预提利息的账务处理与4月、5月相同，9月末偿还短期借款本金及支付未付利息时：

借：短期借款　　　　　　　　　　　　　　　　　　150 000

　　应付利息　　　　　　　　　　　　　　　　　　2 000

　　财务费用　　　　　　　　　　　　　　　　　　1 000

　　贷：银行存款　　　　　　　　　　　　　　　　　　153 000

练习二

（1）分配工资费用时：

借：生产成本 60 000

　　制造费用 20 000

　　管理费用 15 000

　　在建工程 9 000

　　销售费用 7 000

　　　贷：应付职工薪酬——工资 111 000

（2）代扣房租时：

借：应付职工薪酬——工资 3 000

　　贷：其他应收款——代垫职工房租 3 000

（3）发放工资时：

借：应付职工薪酬——工资 108 000

　　贷：银行存款 108 000

练习三

（1）借：原材料 50 000

　　　　应交税费——应交增值税（进项税额） 6 500

　　　　　贷：应付票据 56 500

（2）借：固定资产 200 000

　　　　应交税费——应交增值税（进项税额） 26 000

　　　　　贷：银行存款 226 000

（3）借：银行存款 339 000

　　　　　贷：主营业务收入 300 000

　　　　　　应交税费——应交增值税（销项税额） 39 000

（4）本月应交的增值税税额 = 39 000 − 32 500 = 6 500（元）

借：应交税费——应交增值税（已交税金） 6 500

　　贷：银行存款 6 500

练习四

（1）借：在途物资 30 000

　　　　应交税费——应交增值税（进项税额） 3 900

　　　　　贷：应付账款——A公司 33 900

（2）借：应付票据 50 000

　　　　贷：银行存款——A公司 50 000

（3）借：银行存款 11 300

	贷：合同负债——B 公司	10 000
	应交税费——待转销项税额	1 300

（4）借：合同负债——B 公司　　　　　　　　　　10 000

　　　　应交税费——待转销项税额　　　　　　　　1 300

　　　　　贷：主营业务收入　　　　　　　　　　　　10 000

　　　　　　　应交税费——应交增值税（销项税额）　1 300

（5）借：银行存款　　　　　　　　　　　　　　　　5 000

　　　　　贷：其他应付款——C 公司　　　　　　　　5 000

（6）借：应付账款——D 公司　　　　　　　　　　　4 000

　　　　　贷：营业外收入　　　　　　　　　　　　　4 000

四、复习思考题及参考答案

1. 什么是流动负债？内容包括哪些？

答：流动负债是指预计在一个正常营业周期中清偿，或者主要为交易目的而持有，或者自资产负债表日起 1 年内（含 1 年）到期应予以清偿，或者企业无权自主地将清偿推迟至资产负债表日后 1 年以上的负债。主要包括短期借款、应付票据、应付账款、预收账款、合同负债、应付职工薪酬、应付股利、应付利息、应交税费、其他应付款等。

2. 什么是非流动负债？内容包括哪些？

答：非流动负债是指流动负债以外的负债，包括长期借款、应付债券、长期应付款等。

3. 职工薪酬的内容有哪些？

答：职工薪酬包括：（1）短期薪酬，具体包括：职工工资、奖金、津贴和补贴，职工福利费，医疗保险费、工伤保险费等社会保险费，住房公积金，工会经费和职工教育经费，短期带薪缺勤，短期利润分享计划，非货币性福利，上述薪酬以外的其他短期薪酬；（2）离职后福利；（3）辞退福利；（4）其他长期职工福利。

4. 一般纳税人和小规模纳税人的区别在哪里？

答：根据经营规模大小及会计核算水平的健全程度，增值税纳税人分为一般纳税人和小规模纳税人。一般纳税人是指年应税销售额超过财政部、国家税务总局规定标准的增值税纳税人。小规模纳税人是指年应税销售额未超过规定标准，并且会计核算不健全，不能够提供准确税务资料的增值税纳税人。一般纳税人大多数适用增值税一般计税方法。增值税的一般计税方法，是先按当期销售额和适用的税率计算出销项税额，然后以该销项税额对当期购进项目支付的税款（即进项税额）进行抵扣，间接算出当期的应纳税额。小规模纳税人核算增值税采用简易计税方法，即购进货物、应税服务或应税行为，取得增值税专用发票上注明的增值税，一律不予抵扣，直接计入相关成本费用或资产。小规模纳税人销售货物、应税服务或应税行为时，按照不含税的销售额和规定的增值税征收率计算应交纳的增值税（即应纳税额），但不得开具增值税专用发票。

5. "短期借款"科目与"长期借款"科目的核算内容有什么区别？

答：为了核算短期借款的取得、偿还等情况，企业应设置"短期借款"科目。它属于负债类科目，贷方登记取得短期借款本金的金额，借方登记偿还短期借款的本金金额，期末余额在贷方，反映企业尚未偿还的短期借款本金数额。本科目可按借款种类、贷款人和币种设置明细科目进行明细核算。为了核算和监督长期借款的借入、应计利息和还本付息等情况，企业应设置"长期借款"科目。它属于负债类科目，贷方登记长期借款本息的增加额；借方登记长期借款本息的减少额；期末贷方余额反映企业尚未偿还的长期借款的本息额。本科目可按照贷款单位和贷款种类，分别以"本金""利息调整""应计利息"等进行明细核算。

五、会计思政教材案例与分析提示

【案例】

乐视网于 2004 年成立，贾跃亭是创始人也是第一股东，2010 年在中国创业板上市。自上市以来，乐视网的市值一路飙升，曾最高达 1 600 亿元之多，一度成为行业内的标杆。但是，令人唏嘘的是，历经短短数十载，2016 年底乐视网被爆出资金链紧张的问题，净利润由 2015 年盈利 2.2 亿元跌至 2016 年亏损 2.2 亿元，其市值也迅速跌入谷底。2017 年末亏损额达到了 181.84 亿元，2018 年末亏损额达到 57.34 亿元，因满足证券交易所的暂停上市条件，乐视网于 2019 年 5 月被暂停上市。证券交易所规定，暂停上市后的第一年，净利润或净资产仍旧为负，或者被出具保留意见的将会被强制退市。乐视网 2019 年营业利润为 -19.41 亿元，乐视网已经触及了上述规定，于 2020 年 6 月退市。

2016 年下半年开始，有关乐视网欠供应商货款、资金链短缺的负面新闻此起彼伏，不绝于耳。随后的几年，乐视的资金链危机越发严重。资金链的断裂反映了乐视严重的财务风险，这些都可以从乐视网对外公布的财务会计报告中列示的企业资产和负债规模中看出端倪。

我们可以根据企业的财务报告中企业资产和负债规模计算下列两个指标：

1. 流动比率 = 流动资产/流动负债，反映企业的短期偿债能力，一般认为企业流动比率等于 2 是比较合理的，此指标数额越大，说明企业短期偿债能力越强，反之越弱。

2. 资产负债率 = 负债总额/资产总额 × 100%，反映企业的长期偿债能力，一般认为企业资产负债率在 50% ~ 60% 是比较合理的，此指标越小，说明企业长期偿债能力越强，反之越弱。

图 5 – 1 列示了乐视网 2015 ~ 2019 年流动比率和资产负债率趋势。

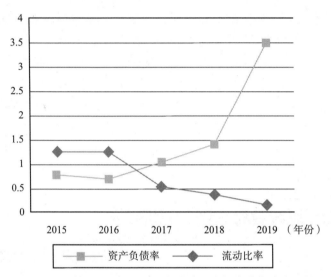

图 5 – 1 乐视网 2015 ~ 2019 年流动比率和资产负债率趋势

思考：

（1）乐视网的短期偿债能力趋势如何？

（2）乐视网的长期偿债能力趋势如何？

（3）乐视网短期偿债能力和长期偿债能力的表现会造成怎样的财务风险？

【分析提示】

反映乐视网短期偿债能力的流动比率指标一直在 2 以下，而且呈逐年下降趋势；反映乐视网长期偿债能力的资产负债率指标呈逐年上升趋势，从 2017 年开始一直高于 1。这说明乐视网的偿债能力很弱，负债比例较高，而不能偿还到期债务是导致企业破产的直接原因。

第六章　所有者权益

一、本章要点速览

本章重点是理解和掌握所有者权益的基本概念及其核算方法。难点是掌握实收资本、资本公积和留存收益的概念与区别、实收资本（股本）和资本公积的核算方法。

所有者权益是指企业资产扣除负债后由所有者享有的剩余权益，即所有者对企业净资产的所有权，其金额为资产减去负债后的余额。公司的所有者权益又称为股东权益。

按其来源可分为所有者投入的资本、其他综合收益、留存收益等，通常由实收资本（或股本）、其他权益工具、资本公积、其他综合收益、留存收益构成。

（一）实收资本（或股本）

实收资本是指企业按照章程规定或合同、协议约定，接受投资者投入企业的资本。实收资本按照投资形式可划分为货币投资、实物投资、无形资产投资等。按照投资主体可以分为国家资本、集体资本、法人资本、个人资本、港澳台资本和外商资本。

股份有限公司应设置"股本"科目，其他各类企业应设置"实收资本"科目，反映和监督企业实际收到的投资者投入资本的情况。企业接受货币资产投资时，应以实际收到的金额或存入企业开户银行的金额，借记"银行存款"等科目，按投资合同或协议约定的投资者在企业注册资本中所占份额的部分，贷记"实收资本"或"股本"科目，企业实际收到或存入开户银行的金额超过投资者在企业注册资本中所占份额的部分，贷记"资本公积——资本溢价"或"资本公积——股本溢价"科目。企业接受非货币资产投资时，应按投资合同或协议约定的价值（不公允的除外）借记"固定资产""原材料""无形资产"等科目，按投资合同或协议约定的投资者在企业注册资本或股本中所占份额的部分贷记

"实收资本"或"股本"科目，投资合同或协议约定的价值（不公允的除外）超过投资者在企业注册资本或股本中所占份额的部分，贷记"资本公积——资本溢价"或"资本公积——股本溢价"。

用资本公积转增资本时，借记"资本公积——资本溢价（或股本溢价）"科目，贷记"实收资本"（或"股本"）科目。用盈余公积转增资本时，借记"盈余公积"科目，贷记"实收资本"（或"股本"）科目。

企业按法定程序报经批准减少注册资本的，按减少的注册资本金额减少实收资本，借记"实收资本""股本"科目，贷记"银行存款"等科目。

（二）资本公积

资本公积是企业收到投资者出资额超出其在注册资本（或股本）中所占份额的部分，以及其他资本公积等。资本公积包括资本溢价（或股本溢价）和其他资本公积等。

1. 资本公积与实收资本（或股本）的区别

（1）从来源和性质看，实收资本（或股本）是指投资者按照企业章程或合同、协议的约定，实际投入企业并依法进行注册的资本，它体现了企业所有者对企业的基本产权关系。资本公积是投资者的出资额超出其在注册资本中所占份额的部分（即资本溢价或股本溢价），以及其他资本公积，它不直接表明所有者对企业的基本产权关系。

（2）从用途看，实收资本（或股本）的构成比例是确定所有者参与企业财务经营决策的基础，也是企业进行利润分配或股利分配的依据，同时还是企业清算时确定所有者对净资产的要求权的依据。资本公积的用途主要是用来转增资本（或股本）。资本公积不体现各所有者的占有比例，也不能作为所有者参与企业财务经营决策或进行利润分配（或股利分配）的依据。

2. 资本公积与留存收益的区别

资本公积的来源不是企业实现的利润，而主要来自资本溢价（或股本溢价）等。留存收益包括盈余公积和未分配利润，是企业从历年实现的利润中提取或形成的留存于企业的内部积累，源自企业生产经营活动实现的利润。

除股份有限公司外的其他类型的企业，新加入的投资者投入的资本中按其投资比例计算出的出资额部分，应记入"实收资本"，溢价部分记入"资本公积——资本溢价"科目。股份有限公司溢价发行股票时，应按实际收到的现金等资产的金额，借记"库存现金""银行存款"等科目，按股票面值和核定的股份总额的乘积计算的金额，贷记"股本"科目，按溢价部分，贷记"资本公积——股本溢价"。用资本公积转增资本时，应冲减资本公积，同时按照转增资本前的实收资本（或股本）的结构或比例，将转增的金额记入"实收资本"（或"股本"）科目下各所有者的明细分类账。

（三）留存收益

留存收益是指企业从历年实现的利润中提取或形成的留存于企业的内部积累，包括盈余公积和未分配利润两类。

盈余公积是指企业按照有关规定从净利润中提取的积累资金。企业提取的盈余公积经批准可用于弥补亏损、转增资本或发放现金股利或利润等。未分配利润是指企业实现的净利润经过弥补亏损、提取盈余公积和向投资者分配利润后留存在企业的、历年结存的利润。相对于所有者权益的其他部分来说，企业对于未分配利润的使用有较大的自主权。

二、练习题

（一）单项选择题

1. 20×3年1月1日，泰山公司所有者权益情况如下：实收资本400万元，资本公积34万元，盈余公积76万元，未分配利润64万元。则20×3年1月1日，泰山公司的留存收益为（   ）万元。

    A. 64   B. 76

    C. 140   D. 174

2. 资本公积可以用于（   ）。

    A. 转增资本   B. 发放职工福利

    C. 发放现金股利   D. 弥补以前年度亏损

3. 黄河公司委托证券公司代理发行普通股1 000万股，每股面值1元，每股发行价值4元，按协议约定，证券公司从发行收入中提取2%的手续费，黄河公司发行普通股应计入资本公积的金额为（   ）万元。

    A. 3 000   B. 2 920

    C. 2 940   D. 3 080

4. 泰山公司20×3年初所有者权益总额为5 000万元，20×3年实现净利润3 000万元，分配给股东1 000万元，以盈余公积转增资本500万元。假定不考虑其他所有者权益的变动，泰山公司期末所有者权益总额为（   ）万元。

    A. 7 500   B. 6 500

    C. 8 000   D. 7 000

5. 下列关于资本公积的说法，错误的是（　　）。

　　A. 资本公积和盈余公积的来源相同

　　B. 资本公积包括资本（股本）溢价和其他资本公积

　　C. 资本（股本）溢价本质上是所有者投入的资本

　　D. 资本（股本）溢价可以用于转增资本或股本

6. 下列关于所有者权益的说法，错误的是（　　）。

　　A. 盈余公积和未分配利润统称为留存收益

　　B. 所有者投入的资本在企业的存续期内不存在偿还问题

　　C. 所有者权益和资产、负债一样需要单独直接确认和计量

　　D. 所有者权益是一种剩余权益

7. 实收资本是指企业的投资者实际投入的资本，它是企业（　　）中的主要组成部分。

　　A. 资产　　　　　　　　　　　　B. 负债

　　C. 所有者权益　　　　　　　　　D. 收入

8. 一般将企业所有者权益中的盈余公积和未分配利润称为（　　）。

　　A. 实收资本　　　　　　　　　　B. 资本公积

　　C. 留存收益　　　　　　　　　　D. 所有者权益

9. 投资者投入的资产价值如果超过其在注册资本中所占的份额，则超出部分应计入（　　）。

　　A. 实收资本　　　　　　　　　　B. 资本公积

　　C. 盈余公积　　　　　　　　　　D. 未分配利润

10. 振兴公司为有限责任公司，在三年前成立，公司成立时注册资本为 1 000 万元，A 公司现在欲投入资本 800 万元，占振兴公司全部有表决权资本的 1/3，则振兴公司接受 A 公司投资时，发生的资本溢价为（　　）万元。

　　A. 400　　　　　　　　　　　　B. 300

　　C. 500　　　　　　　　　　　　D. 200

11. 有限责任公司增资扩股时，若有新的投资者加入，则新加入的投资者缴纳的出资额大于按约定比例计算的其在注册资本中所占份额部分，应记入的贷方账户是（　　）。

　　A. 股本　　　　　　　　　　　　B. 实收资本

　　C. 资本公积　　　　　　　　　　D. 盈余公积

12. 下列属于所有者权益的是（　　）。

　　A. 营业外收入　　　　　　　　　B. 未分配利润

　　C. 投资收益　　　　　　　　　　D. 公允价值变动损益

13. 溢价发行股票的溢价额应记入的会计科目是（　　）。
    A. 股本　　　　　　　　　　B. 实收资本
    C. 资本公积　　　　　　　　D. 盈余公积

14. （　　）一般按净利润的 10% 提取，但如果数额已达注册资本的 50% 时可不再提取。
    A. 法定盈余公积　　　　　　B. 任意盈余公积
    C. 法定公益金　　　　　　　D. 一般盈余公积

15. 泰山公司 20×3 年初 "利润分配——未分配利润" 科目贷方余额为 20 万元，20×3 年度该企业实现净利润为 160 万元，根据净利润的 10% 提取盈余公积，向投资者分配现金股利 40 万元，20×3 年末该企业未分配利润的金额为（　　）。
    A. 126 万元　　　　　　　　B. 124 万元
    C. 140 万元　　　　　　　　D. 160 万元

（二）多项选择题

1. 所有者投入资本涉及的所有者权益项目可能有（　　）。
   A. 实收资本　　　　　　　　B. 资本公积
   C. 盈余公积　　　　　　　　D. 未分配利润

2. 泰山公司收到 A 公司作为资本投入的不需要安装的机器设备一台，该设备的原价为 300 万元，已提折旧 180 万元，投资合同约定该设备价值为 150 万元（假定该价值是公允的且不考虑增值税），在注册资本中所占份额为 100 万元，则下列关于泰山公司会计处理的表述中正确的有（　　）。
   A. 确认固定资产 150 万元　　B. 确认累计折旧 30 万元
   C. 确认实收资本 100 万元　　D. 确认资本公积 50 万元

3. 构成企业所有者权益内容的有（　　）。
   A. 实收资本　　　　　　　　B. 资本公积
   C. 其他综合收益　　　　　　D. 留存收益

4. 下列各项中，影响所有者权益总额的有（　　）。
   A. 实现了净利润　　　　　　B. 向投资者分配现金股利
   C. 所有者追加投资　　　　　D. 资本公积转增资本

5. 下列各项中，会导致企业实收资本增加的有（　　）。
   A. 接受投资者追加投资　　　B. 企业对外投资
   C. 盈余公积转增资本　　　　D. 资本公积转增资本

6. 企业吸收投资者投资时，下列会计科目余额可能发生变化的有（　　）。

A. 实收资本   B. 利润分配

C. 资本公积   D. 盈余公积

7. 投资者进行投资时，可以采用的投资形式有（   ）。

  A. 货币   B. 土地使用权

  C. 实物   D. 知识产权

8. 下列各项中，不会增加实收资本的有（   ）。

  A. 接受投资者追加投资   B. 发放现金股利

  C. 资本公积转增资本   D. 购买其他公司的股票

9. 下列事项中，引起所有者权益变动的有（   ）。

  A. 接受投资者投入固定资产   B. 将资本公积转增资本

  C. 企业实现净利润   D. 将盈余公积转增资本

10. 投入资本包括（   ）。

  A. 国家投资   B. 其他单位投资

  C. 个人投资   D. 从银行借入

11. 资本公积主要包括（   ）。

  A. 资本溢价   B. 股本

  C. 其他资本公积   D. 未分配利润

12. 留存收益包括（   ）。

  A. 盈余公积   B. 资本公积

  C. 投资收益   D. 未分配的利润

13. 下列各项中，不会引起留存收益变动的有（   ）。

  A. 盈余公积补亏   B. 计提法定盈余公积

  C. 盈余公积转增资本   D. 计提任意盈余公积

14. 下列项目中，能引起盈余公积发生增减变动的有（   ）。

  A. 提取任意盈余公积   B. 盈余公积转增资本

  C. 用任意盈余公积弥补亏损   D. 用任意盈余公积派发现金股利

15. 盈余公积可用于（   ）。

  A. 分配股利   B. 转增实收资本

  C. 弥补亏损   D. 转增资本公积

（三）判断题

1. 所有者权益是一种剩余权益，在金额上等于资产减去负债。   （   ）

2. 资产、负债和所有者权益是会计三大要素，它们各自都有自己的确认和计量标准。   （   ）

3. 企业发行股票的手续费计入财务费用。　　　　　　　　　（　　）

4. 用盈余公积转增资本，留存收益总额不变。　　　　　　　（　　）

5. 实收资本和资本溢价本质上均属于所有者投入的资本。　　（　　）

6. 一般情况下，所有者承担的风险比债权人大。　　　　　　（　　）

7. 资本公积源自利润，可以用来弥补亏损。　　　　　　　　（　　）

8. 权益资本的所有者只享有企业的经营收益，但不需要承担风险。（　　）

9. 企业以资本公积转增实收资本时，不会引起所有者权益总额的变动。

（　　）

10. 企业接受的非现金资产的投资，其价值一般按照公允价值入账，如与合同价值不符，则按照合同约定价值入账。　　　　　　　　（　　）

11. 企业用盈余公积金向投资者分配现金股利，不会使企业留存收益总额发生变化。　　　　　　　　　　　　　　　　　　　　　　（　　）

12. 资本公积和盈余公积都是从企业的净利润中提取的。　　（　　）

（四）业务题

练习一

【目的】通过练习，掌握一般企业实收资本的核算方法。

【资料】泰山公司发生下列有关实收资本的经济业务：

（1）收到 A 公司以货币资金投入的资本 50 000 元，已存入银行。

（2）收到 B 公司投资入库的原材料一批，合同约定的价值为 100 000 元（不含增值税），增值税进项税额为 13 000 元（由投资方支付税款），B 公司已开具了增值税专用发票。合同约定的价值与公允价值相符，不考虑其他因素。泰山公司对原材料按实际成本进行日常核算。

（3）收到 C 公司投资转入不需要安装机器设备一台，合同约定的价值为 600 000 元（不含增值税），增值税进项税额为 78 000 元（由投资方支付税款），C 公司已开具了增值税专用发票。合同约定的价值与公允价值相符，不考虑其他因素。设备已交付使用。

（4）收到 D 公司投资转入的专利权一项，合同约定的价值为 30 000 元（不含增值税），增值税进项税额为 3 900 元（由投资方支付税款），D 公司已开具了增值税专用发票。合同约定的价值与公允价值相符，不考虑其他因素。

（5）经批准将资本公积 50 000 元、盈余公积 30 000 元转增资本金，已按法定程序办妥转增资本手续。

【要求】根据上述资料，编制会计分录。

练习二

【目的】通过练习，掌握股份有限公司股本的核算方法。

【资料】黄河股份有限公司发生下列有关股本的经济业务：

（1）委托某证券公司代理发行股票100万股，每股面值1元，每股发行价格5元，根据合同规定，公司按发行收入的2%向证券公司支付发行费用，从发行收入中抵扣。股票已发行成功，股款已存入公司的银行存款账户。

（2）经股东大会批准，将资本公积200 000元转增股本，已按法定程序办妥转增资本手续。

【要求】根据上述资料，编制会计分录。

练习三

【目的】通过练习，掌握资本公积的核算方法。

【资料】长江公司发生下列有关资本公积的经济业务：

长江公司由A、B两位股东各自出资100 000元而设立，设立时的实收资本为200 000元。一年后有C投资者加入该企业，并表示愿意出资500 000元而仅占该企业股份的1/3，企业已收到C投资者的投入的资金，并存入开户银行。

【要求】根据上述资料，编制会计分录。

练习四

【目的】通过练习，掌握盈余公积的核算方法。

【资料】泰山公司有关盈余公积的经济业务如下：

（1）本年度实现净利润1 000 000元，分别按净利润的10%、15%提取法定盈余公积和任意盈余公积。

（2）经批准，用法定盈余公积100 000元转资本金，已按法定程序办妥转增资本手续。

【要求】根据上述资料，编制会计分录。

三、练习题参考答案

（一）单项选择题

1. C	2. A	3. B	4. D	5. A	6. C
7. C	8. C	9. B	10. B	11. C	12. B

13. C　　　14. A　　　15. B

（二）多项选择题

1. AB　　2. ACD　　3. ABCD　　4. ABC　　5. ACD　　6. AC

7. ABCD　8. BD　　9. AC　　10. ABC　　11. AC　　12. AD

13. ABD　14. ABCD　15. ABC

（三）判断题

1. √　　2. ×　　3. ×　　4. ×　　5. √　　6. √

7. ×　　8. ×　　9. √　　10. ×　　11. ×　　12. ×

（四）业务题

练习一

（1）借：银行存款　　　　　　　　　　　　　　　　50 000

　　　　贷：实收资本——A 公司　　　　　　　　　　　　　50 000

（2）借：原材料　　　　　　　　　　　　　　　　100 000

　　　　应交税费——应交增值税（进项税额）　　 13 000

　　　　贷：实收资本——B 公司　　　　　　　　　　　　113 000

（3）借：固定资产　　　　　　　　　　　　　　　600 000

　　　　应交税费——应交增值税（进项税额）　　 78 000

　　　　贷：实收资本——C 公司　　　　　　　　　　　　678 000

（4）借：无形资产——专利权　　　　　　　　　　30 000

　　　　应交税费——应交增值税（进项税额）　　　3 900

　　　　贷：实收资本——D 公司　　　　　　　　　　　　33 900

（5）借：资本公积　　　　　　　　　　　　　　　50 000

　　　　盈余公积　　　　　　　　　　　　　　　30 000

　　　　贷：实收资本　　　　　　　　　　　　　　　　　80 000

练习二

（1）借：银行存款　　　　　　　　　　　　　　4 900 000

　　　　贷：股本　　　　　　　　　　　　　　　　　1 000 000

　　　　　　资本公积——股本溢价　　　　　　　　　3 900 000

（2）借：资本公积　　　　　　　　　　　　　　 200 000

　　　　贷：股本　　　　　　　　　　　　　　　　　 200 000

练习三

借：银行存款	500 000
贷：实收资本——C 投资者	100 000
资本公积——资本溢价	400 000

练习四

（1）借：利润分配——提取法定盈余公积	100 000
——提取任意盈余公积	150 000
贷：盈余公积——法定盈余公积	100 000
——任意盈余公积	150 000
（2）借：盈余公积	100 000
贷：实收资本	100 000

四、复习思考题及参考答案

1. 什么是所有者权益？它有哪些特征？包括哪些内容？

答：所有者权益是指企业资产扣除负债后由所有者享有的剩余权益，即所有者对企业净资产的所有权，其金额为资产减去负债后的余额。公司的所有者权益又称为股东权益。通常由实收资本（或股本）、其他权益工具、资本公积、其他综合收益、留存收益构成。

2. 所有者权益与负债有何区别？

答：所有者权益和负债都是对企业资产的要求权，在资产负债表上都反映在右方，负债和所有者权益的合计总额等于资产总额。但是，负债和所有者权益之间又存在着明显的区别，主要表现在以下几个方面：

（1）性质不同。负债是企业在生产经营或其他事项中发生的债务，是债权人对企业资产的求偿权，是债权人的权益；而所有者权益则是企业投资者对企业净资产所享有的权利，即投资者对投入资本及其投入资本的运用所产生的盈余（或亏损）的权利。

（2）对象不同。负债是企业对债权人承担的经济责任，而所有者权益则是企业对投资者承担的经济责任。

（3）偿还期限不同。负债必须按规定的时间和利率支付利息，到期偿还本金；而所有者权益则与企业共存亡，在企业经营期内无须偿还，一般只有在企业解散清算时（除按法律程序减资外），其破产财产在偿付了破产费用、债权人的债务以后，如有剩余财产，才有可能偿还投资者。在企业持续经营的情况下，投资者一般不能收回投资。

（4）享受的权利不同。债权人只享有收回债务本金和按事先约定的利率收回利息的权利，而没有参与企业经营管理和企业收益分配的权利。企业所有者通常既具有参与企业管理的权利，也具有参与收益分配的权利；企业的所有者不仅享有法定的管理企业的权利，而且还享有委托他人管理企业的权利。

（5）风险和收益的大小不同。由于负债具有明确的偿还期限、约定的收益率，且一到期即可以收回本金和利息，因此，债权人通常承担的风险较小，当然债权人所获得的收益也较低。而企业的所有者将其资本投入企业后，一般情况下，无论企业经营状况如何，均不得抽回投资，因而所有者所承担的风险较高，相应地就会获得较高的收益，当然，也可能会承担更大的损失。

3. 实收资本是怎么分类的？

答：（1）实收资本按照投资形式可划分为货币投资、实物投资、无形资产投资等。货币投资是指投资者以货币形式投入的资金。实物投资是指投资者以厂房、设备、材料、商品等实物资产投入的资金。无形资产投资是指投资者以商标、专利、土地使用权等无形资产投入的资金。

（2）实收资本按照投资主体可以分为国家资本、集体资本、法人资本、个人资本、港澳台资本和外商资本。国家资本是指有权代表国家投资的政府部门或机构以国有资产投入企业形成的资本。集体资本是指由本企业劳动群众集体所有和集体企业联合经济组织范围内的劳动群众集体所有的资产投入形成的资本金。法人资本是指企业法人或者其他社会法人以其依法可支配的资产投入企业所形成的资本。个人资本是指社会个人或企业内部职工以个人合法财产投入企业形成的资本。港澳台资本是指我国香港、澳门特别行政区和台湾地区的投资者投入企业的资本。外商资本是指外国投资者投入企业的资本。

4. 什么是资本公积？它与实收资本和留存收益的区别是什么？

答：（1）资本公积与实收资本（或股本）的区别：

从来源和性质来看。实收资本（或股本）是指投资者按照企业章程或合同、协议的约定，实际投入企业并依法进行注册的资本，它体现了企业所有者对企业的基本产权关系。资本公积是投资者的出资额超出其在注册资本中所占份额的部分（即资本溢价或股本溢价），以及其他资本公积，它不直接表明所有者对企业的基本产权关系。

从用途来看。实收资本（或股本）的构成比例是确定所有者参与企业财务经营决策的基础，也是企业进行利润分配或股利分配的依据，同时还是企业清算时确定所有者对净资产的要求权的依据。资本公积的用途主要是用来转增资本（或股本）。资本公积不体现各所有者的占有比例，也不能作为所有者参与企业财务经营决策或进行利润分配（或股利分配）的依据。

（2）资本公积与留存收益的区别为：

资本公积的来源不是企业实现的利润，而主要来自资本溢价（或股本溢价）等。留存收益包括盈余公积和未分配利润，是企业从历年实现的利润中提取或形成的留存于企业的内部积累，源自企业生产经营活动实现的利润。

5. 什么是留存收益？它包括哪些内容？

答：留存收益是指企业从历年实现的利润中提取或形成的留存于企业的内部积累，包括盈余公积和未分配利润两类。

6. 什么是盈余公积？其组成内容及用途有哪些？

答：盈余公积是指企业按照有关规定从净利润中提取的积累资金。企业的盈余公积包括法定盈余公积和任意盈余公积。法定盈余公积是指企业按照规定的比例从净利润中提取的盈余公积。任意盈余公积是指企业按照股东会或股东大会决议提取的盈余公积。法定盈余公积的提取带有强制性，其主要目的是约束企业过量分配利润，为企业的持续经营提供必要的后备资金。任意盈余公积的提取不具有强制性，可由企业根据实际需要与可能自行决定提取。

7. 什么是未分配利润？

答：未分配利润是指企业实现的净利润经过弥补亏损、提取盈余公积和向投资者分配利润后留存在企业的、历年结存的利润。

五、会计思政教材案例与分析提示

【案例】

乐视网于 2004 年成立，贾跃亭是创始人也是第一股东，2010 年在中国创业板上市。自上市以来，乐视网的市值一路飙升，曾最高达到 1 600 多亿元，一度成为行业内的标杆。但令人唏嘘的是，历经短短数十载，2016 年底乐视网被暴出资金链紧张的问题，净利润由 2015 年盈利 2.2 亿元跌至 2016 年亏损 2.2 亿元，其市值也迅速跌入谷底。2017 年末亏损额达到了 181.84 亿元，2018 年末亏损额达到 57.34 亿元，因满足证券交易所的暂停上市条件，乐视网于 2019 年 5 月被暂停上市。证券交易所规定，暂停上市后的第一年，净利润或净资产仍旧为负，或者被出具保留意见的将会被强制退市。乐视网 2019 年营业利润为 - 19.41 亿元，乐视网已经触及了上述规定，于 2020 年 6 月退市。

乐视网是典型的个人创业型公司，自 2010 年 IPO 上市以来，贾跃亭一直都是第一大股东，在股权数量上拥有绝对优势，且多年来贾跃亭一直都是公司的实控人。贾跃亭在 2010 ~ 2014 年拥有股权数量均超过总股本的 40% ，证明其他股东股权数量与第一大股东差距较大，贾跃亭具有绝对的股权优势。另外，贾跃芳（贾跃亭姐姐）及贾跃民（贾跃亭哥哥）任公司大股东，在经营过程中，他们始终支持贾跃亭的决策，导致贾跃亭拥有绝对控制权。2015 ~ 2019 年，乐视网为了筹集资金，贾跃亭共经历了三次较大规模的股票减持，在减持过后，贾跃亭的持股比例为 23.07% ，仍然远远高于第二到第五大股东的股权数量之和，图 6 - 1 列示了截至 2018 年底乐视网前十位股权结构。整体看来，乐视网在历年的股权变动中，始终保持股权高度集中的结构，导致第一大股东贾跃亭的权利缺少制衡。

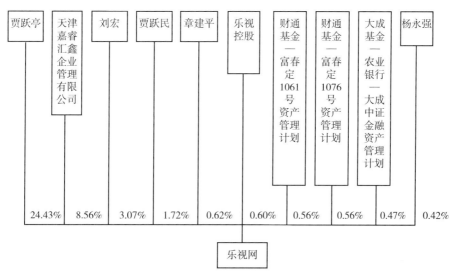

图 6 - 1 截至 2018 年底乐视网前十位股权结构

思考：请查阅相关资料，说明乐视网"一股独大"股权结构对其经营决策的做出有什么影响？

【分析提示】

乐视网"一股独大"股权结构，会导致第一大股东贾跃亭的权利缺少制衡，从此角度查阅相关资料分析。

第七章 收入、费用与利润

一、本章要点速览

本章重点是理解和掌握收入、费用和利润的概念及其核算方法。掌握收入的概念、特征、确认条件及其核算方法，费用的概念、特征，营业成本、税金及附加和期间费用的内容与核算方法，利润的概念及构成、营业外收入和支出的内容与核算方法。难点是收入的确认与计量、利润形成与利润分配的账务处理。

（一）收入

收入是指企业在日常活动中形成的、会导致所有者权益增加的、与所有者投入资本无关的经济利益的总流入。

收入的确认要满足一定的原则，企业应当在履行了合同中的履约义务，即在客户取得相关商品控制权时确认收入。取得相关商品控制权，是指客户能够主导该商品的使用并从中获得几乎全部经济利益，也包括有能力阻止其他方主导该商品的使用并从中获得经济利益。

企业在履行了合同中的履约义务，即客户取得相关商品控制权时确认收入。企业将商品的控制权转移给客户，这一转移的行为可能发生在某一段时段内（履行履约义务的过程中）发生，也可能在某一时点（履约义务完成时）发生。企业应当根据实际情况，首先判断履约义务是否满足在某一时段内履行的条件，如不满足，则该履约义务属于在某一时点履行的履约义务。

收入确认和计量大致分为五步：

第一步，识别与客户订立的合同。合同是企业确认收入的前提，企业与客户之间一经签订合同，企业即负有向客户转移商品和服务的履约义务，同时享有收取商品和服务对价的权利。

第二步，识别合同中的单项履约义务。履约义务是指合同中企业向客户转让可明确区分商品或服务的承诺。企业应当将向客户转让可明确区分商品（或者商品的组合）的承诺以及向客户转让一系列实质相同且转让模式相同的、可明确区分商品的承诺作为单项履约义务。只有在满足可明确区分条件的商品和服务，才能被识别为单项履约义务。

第三步，确定交易价格。交易价格是指企业因向客户转让商品而预期有权收取的对价金额，不包括企业代第三方收取的款项（如增值税）以及企业预期将退还给客户的款项。交易价格，可能是固定金额、可变金额或两者兼有。

第四步，将交易价格分摊至各单项履约义务。当合同中包含两项或多项履约义务时，需要将交易价格分摊至各单项履约义务，分摊的方法是在合同开始日，按照各单项履约义务所承诺商品的单独售价（企业向客户单独销售商品的价格）的相对比例，将交易价格分摊至各单项履约义务。通过分摊交易价格，使企业分摊至各单项履约义务的交易价格能够反映其因向客户转让已承诺的相关商品而有权收取的对价金额。

第五步，履行各单项履约义务时确认收入。当企业将商品转移给客户，客户取得了相关商品的控制权，意味着企业履行了合同履约义务，控制权发生了转移，此时企业应确认收入。

需要说明的是，一般而言，确认和计量任何一项合同收入应考虑全部的五个步骤。但履行某些合同义务确认收入不一定都经过五个步骤，如企业按照第二步确定某项合同仅为单项履约义务时，可以从第三步直接进入第五步确认收入，不需要第四步（分摊交易价格）。

为了核算企业与客户之间的合同产生的收入及相关的成本费用，企业一般需要设置"主营业务收入""其他业务收入""主营业务成本""其他业务成本""合同取得成本""合同履约成本""合同资产""合同负债"等账户。当销售商品符合收入确认的前提条件，且满足商品的控制权转移条件，企业判断属于某一时点履行履约义务时，应及时确认收入，借记"应收账款""银行存款"等科目，贷记"主营业务收入""应交税费"等科目；并结转相关销售成本，借记"主营业务成本"科目，贷记"库存商品"等科目；如果涉及税金核算，则借记"税金及附加"科目，贷记"应交税费"科目。

对于在某一时段内履行的履约义务，企业应当在该段时间内按照履约进度确认收入，履约进度不能合理确定的除外。企业应当考虑商品的性质，采用产出法或投入法确定恰当的履约进度。履约期间，企业发生的履约成本费用借记"合同履约成本"等科目，贷记"银行存款""原材料""应付职工薪酬""累计折旧"等科目；会计期末按照产出法或投入法确定收入，借记"应收账款"等科目，贷记"主营业务收入"科目；同时按照一定的规则将归集的合同履约成本转入"主营业务成本"科目，借记"主营业务成本"科目，贷记"合同履约成本"科目。

（二）费用

费用是指企业在日常活动中发生的、会导致所有者权益减少的、与向所有者分配利润无关的经济利益的总流出。费用主要包括营业成本、税金及附加和期间费用。

营业成本是指企业为生产产品、提供服务等发生的可归属于产品成本、服务成本等的费用，应当在确认销售商品收入、提供服务收入等时，将已销售商品、已提供服务的成本等计入当期损益。企业为生产产品、提供劳务等发生的可归属于产品成本、劳务成本等的费用，应当在确认销售商品收入、提供劳务收入等时，将已销售商品、已提供劳务的成本确认为营业成本（包括主营业务成本和其他业务成本）。营业成本包括主营业务成本和其他业务成本。

企业应当设置"主营业务成本"科目，用于核算企业因销售商品、提供服务等日常活动而发生的实际成本。企业结转已销售商品或提供服务成本时，借记"主营业务成本"科目，贷记"库存商品""合同履约成本"等科目。期末，将主营业务成本的余额转入"本年利润"科目，借记"本年利润"科目，贷记"主营业务成本"科目，结转后，"主营业务成本"科目无余额。

其他业务成本是指企业确认的除主营业务活动以外的其他日常经营活动所发生的支出。其他业务成本包括销售材料的成本、出租固定资产的折旧额、出租无形资产的摊销额、出租包装物的成本或摊销额等。

企业应当设置"其他业务成本"科目，核算企业确认的除主营业务活动以外的其他日常经营活动所发生的支出。"其他业务成本"科目按其他业务成本的种类进行明细核算。企业发生的其他业务成本，借记"其他业务成本"科目，贷记"原材料""周转材料""累计折旧""累计摊销""应付职工薪酬""银行存款"等科目。期末，"其他业务成本"科目余额转入"本年利润"科目，结转后，"其他业务成本"科目无余额。

税金及附加是指企业经营活动应负担的相关税费，包括消费税、城市维护建设税、教育费附加、资源税、土地增值税、房产税、城镇土地使用税、车船税、印花税等。

企业应当设置"税金及附加"科目，核算企业经营活动发生的消费税、城市维护建设税、教育费附加、资源税、房产税、城镇土地使用税、车船税、印花税等相关税费。其中，按规定计算确定的与经营活动相关的消费税、城市维护建设税、资源税、教育费附加、房产税、城镇土地使用税、车船税等税费，企业应借记"税金及附加"科目，贷记"应交税费"科目。期末，应将"税金及附加"科目余额转入"本年利润"科目，结转后，"税金及附加"科目无余额。

期间费用是指企业日常活动发生的不能计入特定核算对象的成本，而应计入发生当期损益的费用。由于期间费用不直接发生在产品生产过程中，很难判断所归属的产品是谁，但却比较容易确定发生的期间，因而期间费用不计入有关核算对象的成本，而是直接计入当期损益。期间费用包括销售费用、管理费用和财务费用。

企业应设置"管理费用""销售费用"和"财务费用"科目，核算期间费用的发生和结转情况。以上三类期间费用科目借方登记企业发生的各项期间费用，贷方登记期末转入"本年利润"科目的期间费用，结转后，三类期间费用科目应无余额。

（三）利润

利润是企业在一定会计期间的经营成果。利润包括收入减去费用后的净额、直接计入当期利润的利得和损失等。利润包括营业利润、利润总额和净利润三个层次，计算公式如下：

营业利润＝营业收入－营业成本－税金及附加－销售费用－管理费用

－财务费用＋其他收益＋投资收益（－投资损失）

＋公允价值变动收益（－公允价值变动损失）

－信用减值损失－资产减值损失＋资产处置收益

（－资产处置损失）

利润总额＝营业利润＋营业外收入－营业外支出

净利润＝利润总额－所得税费用

企业本年度实现的净利润（或发生的净亏损），应通过"本年利润"账户进行核算。本科目属于所有者权益类科目。期末将各损益类账户的余额转入"本年利润"账户，其中，"主营业务收入""其他业务收入""其他收益""营业外收入"等科目的贷方余额分别转入"本年利润"科目的贷方；将"主营业务成本""其他业务成本""税金及附加""销售费用""管理费用""财务费用""信用减值损失""资产减值损失""营业外支出""所得税费用"等科目的余额分别转入"本年利润"科目的借方。"投资收益""公允价值变动损益""资产处置损益"科目的净收益转入"本年利润"科目的贷方，将"投资收益""公允价值变动损益""资产处置损益"科目的净损失转入"本年利润"科目的借方。

结转后，"本年利润"账户若为贷方余额则表示自年初开始累计实现的净利润，若为借方余额则表示自年初开始累计发生的亏损数。

年度终了，企业应将"本年利润"账户的全部累计余额，转入"利润分配"账户。若为净利润，借记"本年利润"账户，贷记"利润分配——未分配利润"

账户；若为净亏损，做相反的会计分录。年度结账后，"本年利润"账户无余额。

为了完成利润形成的核算，需要设置"本年利润""所得税费用""营业外收入""营业外支出"等账户。利润形成的结转方法一般有两种：账结法和表结法。企业采用账结法时，每月月末都要将损益类账户余额结转到"本年利润"账户，并在"本年利润"账户计算出当月实现的利润或发生的亏损。若企业采用表结法，则只需要年末进行上述结账处理，各月月末不需要对损益类账户做转账处理，因此各月月末也不在账户结算当月盈亏，而是通过编制利润表结算盈亏。

账结法下，企业在期（月）末结转利润时，应将各损益类账户的金额转入"本年利润"账户，从而结平各损益类账户。年度终了，再将本年收入和支出相抵后结出的本年实现的利润或亏损，转入"利润分配"账户。利润结转的具体程序如下：

1. 结清收入类账户。通常情况下，收入类账户的期末贷方总额大于借方总额，余额在贷方。因此在结账时应借记各项收入类账户，贷记"本年利润"账户。

2. 结清费用类账户。通常情况下，费用类账户的期末贷方总额小于借方总额，余额在借方。因此在结账时应借记"本年利润"账户，贷记各项费用类账户。

3. 计算利润总额及结转所得税费用。通过上述收入类账户总额与费用类账户总额的抵减可得出利润总额；在此基础上，可以进一步计算企业的所得税费用并对所得税费用进行核算。因为"所得税费用"账户也属于损益类账户，因此还应将其余额转入"本年利润"账户。

4. 年终结清"本年利润"账户。在将损益类账户余额都转入"本年利润"账户后，其借贷双方金额相抵减算出的余额即为企业的净损益。若为贷方余额，则为实现的净利润，年末，将本年实现的净利润结转时，借记"本年利润"账户，贷记"利润分配——未分配利润"账户；若为借方余额，则为发生的净亏损，年末，将本年发生的净亏损结转时，作相反的会计分录。年末结转后，"本年利润"账户无余额。

利润分配是将企业实现的净利润按照相关法律法规进行分配，以保证所有者的合法权益和企业长期、稳定地发展。企业实现的利润应按以下顺序分配：（1）弥补企业以前年度亏损；（2）提取法定盈余公积金；（3）提取任意盈余公积金；（4）向投资者分配利润。

企业应通过"利润分配"科目，核算企业利润的分配（或亏损的弥补）和历年分配（或弥补）后的未分配利润（或未弥补亏损）。该科目应分别"提取法定盈余公积""提取任意盈余公积""应付现金股利或利润""盈余公积补亏""未分配利润"等进行明细核算。企业未分配利润通过"利润分配——未分配利润"明细科目进行核算。年度终了，企业应将全年实现的净利润或发生的净亏损，自"本年利润"科目转入"利润分配——未分配利润"科目，并将"利润分配"科目所属其他明细科目的余额，转入"未分配利润"明细科目。结转后，"利润分配——未分配利润"科目如为贷方余额，表示累积未分配的利润金额；如为借方余额，则表示累积未弥补的亏损金额。

二、练习题

（一）单项选择题

1. 甲公司与客户签订合同为其建造一栋厂房，约定的价款为 1 000 万元，6个月完工，合同中约定若提前 1 个月完工，客户将额外奖励甲公司 50 万元，甲公司估计工程提前 1 个月完工的概率为 90%，不考虑其他因素，则甲公司应确定的交易价格为（　　）万元。

  A. 1 000　　　　　　　　　　B. 1 050

  C. 1 045　　　　　　　　　　D. 950

2. 某公司为增值税一般纳税人，销售商品适用的增值税税率为 13%。2020年 9 月 2 日，该公司销售商品 10 000 件，每件商品不含税标价为 50 元。由于成批出售，该公司给予客户 20% 的商业折扣，并开具增值税专用发票。不考虑其他因素，下列各项中，该公司确认的营业收入金额为（　　）元。

  A. 500 000　　　　　　　　　B. 400 000

  C. 452 000　　　　　　　　　D. 565 000

3. 甲公司与乙公司签订合同，向乙公司销售 E、F 两种产品，不含增值税的合同总价款为 3 万元。E、F 产品不含增值税的单独售价分别为 2.2 万元和 1.1万元。该合同包含两项可明确区分的履约义务。不考虑其他因素，按照交易价格分摊原则，E 产品应分摊的交易价格为（　　）万元。

  A. 2　　　　　　　　　　　　B. 1

  C. 2.2　　　　　　　　　　　D. 1.1

4. 下列各项中，企业应通过"税金及附加"科目核算的是（　　）。

  A. 代扣代缴的个人所得税　　　B. 应交的房产税

  C. 应交的企业所得税　　　　　D. 应交的增值税

5. 企业转销确实无法支付的应付账款，应按其账面余额转入的会计科目是（　　）。

  A. 管理费用　　　　　　　　　B. 其他业务收入

  C. 财务费用　　　　　　　　　D. 营业外收入

6. 为筹集生产经营所需资金，企业从银行借入短期借款发生的利息费用，应记入（　　）科目。

    A. 管理费用　　　　　　　　　　B. 销售费用

    C. 制造费用　　　　　　　　　　D. 财务费用

7. 由于计量差错而产生的存货日常损失应记入（　　）科目。

    A. 生产成本　　　　　　　　　　B. 制造费用

    C. 管理费用　　　　　　　　　　D. 营业外支出

8. 下列各项中，属于财务费用的是（　　）。

    A. 财务人员的薪酬　　　　　　　B. 财务部门的办公费用

    C. 投资净损失　　　　　　　　　D. 金融机构手续费

9. 下列项目中，属于营业外收入的是（　　）。

    A. 销售商品收入　　　　　　　　B. 提供劳务收入

    C. 出租固定资产的租金收入　　　D. 经批转结转盘盈的现金

10. 某企业 2019 年相关税费的发生额如下：增值税的销项税额为 500 万元，进项税额为 450 万元，销售应税消费品的消费税为 50 万元，城市维护建设税为 7 万元，教育费附加为 3 万元。不考虑其他因素，该企业 2019 年"税金及附加"科目借方累计发生额为（　　）万元。

    A. 110　　　　　　　　　　　　B. 10

    C. 60　　　　　　　　　　　　　D. 50

11. 公司宣告发放现金股利，会导致（　　）。

    A. 负债增加，所有者权益减少

    B. 所有者权益内部一增一减

    C. 负债减少，资产减少

    D. 资产减少，所有者权益减少

12. 年末结转后，"利润分配"明细账户有余额的是（　　）。

    A. 提取法定盈余公积　　　　　　B. 未分配利润

    C. 应付现金股利　　　　　　　　D. 盈余公积补亏

13. 下列各项中，不属于利润表"利润总额"项目的内容的是（　　）。

    A. 确认的资产减值损失　　　　　B. 无法查明原因的现金溢余

    C. 确认的所得税费用　　　　　　D. 收到政府补助确认的其他收益

14. 对外捐赠设备支出应记入（　　）科目。

    A. 销售费用　　　　　　　　　　B. 管理费用

    C. 其他业务成本　　　　　　　　D. 营业外支出

15. 企业对专设销售机构设备计提的折旧费，应记入（　　）科目。

    A. 财务费用　　　　　　　　　B. 制造费用

    C. 管理费用　　　　　　　　　D. 销售费用

16. 下列项目中不属于期间费用的是（　　）。

    A. 销售人员的薪酬　　　　　　B. 财务人员的薪酬

    C. 行政人员的薪酬　　　　　　D. 生产工人的薪酬

17. 下列项目中，不属于管理费用的是（　　）。

    A. 公司经费

    B. 行政管理用固定资产的折旧费

    C. 车间管理人员的薪酬

    D. 费用化的研发支出

18. 下列各项中，导致企业当期营业利润减少的是（　　）。

    A. 租出非专利技术的摊销额

    B. 对外捐赠的商品成本

    C. 支付的税收滞纳金

    D. 应缴纳的所得税费用

19. 下列各项中，与企业生产经营活动无直接联系的是（　　）。

    A. 主营业务成本　　　　　　　B. 管理费用

    C. 财务费用　　　　　　　　　D. 营业外支出

20. 年末账项结转后，"利润分配"账户的贷方余额表示（　　）。

    A. 未分配利润　　　　　　　　B. 已分配利润

    C. 已实现利润　　　　　　　　D. 未弥补亏损

（二）多项选择题

1. 下列各项中不满足收入确认条件的前提条件的有（　　）。

    A. 销售本公司的货物并预期能够收回货款

    B. 用本公司生产的石油换取别家公司同类同量的石油

    C. 售出商品后得知对方公司已破产清算

    D. 签订合同后客户明确表示将不履行合同

2. 以下选项中对收入确认和计量的步骤表述正确的有（　　）。

    A. 应当先确定交易价格，再识别合同中的单项履约义务

    B. 确定交易价格是企业确认客户合同收入的前提

    C. 若安装服务复杂且商品需要按客户定制要求修改，该合同中销售商品和提供安装服务应合并为单项履约义务

D. 交易价格不包括企业预期将退还给客户的款项

3. 下列各项中，制造业企业应确认为"其他业务收入"的有（　　）。

A. 对外销售材料取得的收入

B. 出售专利所有权取得的净收益

C. 处置营业用房取得的净收益

D. 转让商标使用权取得的收入

4. 利润表中，"营业成本"项目的"本期金额"，应根据（　　）账户的本期发生额计算填列。

A. 生产成本
B. 主营业务成本

C. 制造费用
D. 其他业务成本

5. 2020 年 12 月，某企业当月实际缴纳增值税 50 万元，销售应税消费品实际缴纳消费税 20 万元。该企业适用的城市维护建设税税率为 7%，教育费附加为 3%，不考虑其他因素，下列各项中，关于该企业 12 月份应交纳城市维护建设税和教育费附加的相关会计科目处理正确的有（　　）。

A. 借记"税金及附加"科目 7 万元

B. 贷记"应交税费——应交教育费附加"科目 2.1 万元

C. 贷记"应交税费——应交城市维护建设税"科目 5.6 万元

D. 借记"管理费用"科目 7 万元

6. 下列各项中，应列入利润表"营业外收入"项目的有（　　）。

A. 接受社会捐赠收到的款项

B. 无法查明原因的库存现金盘盈

C. 无形资产的租金收入

D. 结转原材料收发计量差错而导致的盘盈金额

7. 下列项目中，应作为单项履约义务的有（　　）。

A. 企业与客户签订合同向其销售商品并提供安装服务，该安装服务简单，除该企业外其他供应商也可以提供此类安装服务

B. 企业与客户签订合同，向其销售商品并提供安装服务，该安装服务复杂且商品需要按客户定制要求修改

C. 酒店管理服务

D. 保洁服务

8. 下列各项中，属于营业外支出的有（　　）。

A. 公益性捐赠支出
B. 税收滞纳金

C. 存货的一般损失
D. 固定资产毁损的净损失

9. 下列各项费用支出中，属于销售费用的有（　　）。

    A. 广告费   B. 产品质量保证金

    C. 销售人员的薪酬   D. 委托代销支付的手续费

10. 下列各项中，影响企业营业利润的有（　　）。

    A. 管理费用   B. 财务费用

    C. 资产减值损失   D. 所得税费用

11. 下列各项中，（　　）可能与"本年利润"账户存在对应账户关系。

    A. 所得税费用   B. 主营业务收入

    C. 利润分配   D. 管理费用

12. 企业实现的可供分配的利润，应进行下列项目的分配（　　）。

    A. 向国家缴纳所得税   B. 提取法定盈余公积

    C. 提取任意盈余公积   D. 向投资者分配利润

13. 法定盈余公积金的提取用途包括（　　）。

    A. 弥补亏损   B. 扩大生产

    C. 转增资本   D. 偿还负债

14. 下列项目中表明制权发生转移的有（　　）。

    A. 企业与客户签订交款提货合同，在企业销售商品并送货到客户指定地点，客户验收合格并付款

    B. 房地产企业向客户销售商品房，在客户付款后取得房屋产权证时，表明企业已将该商品房的法定所有权转移给客户

    C. 企业向客户销售为其定制的生产设备，客户收到并验收合格后办理入库手续

    D. 企业与客户签订销售商品合同，客户收到商品，确认无误后5日内付款，客户收到企业开具的发票并将商品验收入库

15. 下列各项中，关于企业确认相关税费会计处理表述错误的有（　　）。

    A. 确认应交城镇土地使用税，借记"管理费用"科目

    B. 确认应交城市维护建设税，借记"税金及附加"科目

    C. 确认应交教育费附加，借记"税金及附加"科目

    D. 确认应交车船税，借记"管理费用"科目

16. 下列各项中，不影响企业利润表"利润总额"项目的有（　　）。

    A. 向投资者分配的现金股利

    B. 向灾区捐款发生的支出

    C. 收到投资者超过注册资本份额的出资额

    D. 确认的所得税费用

17. 企业在计算和缴纳消费税时，可能涉及的会计科目有（　　）。

    A. 税金及附加   B. 应交税费——应交消费税

    C. 银行存款   D. 管理费用

18. 下列各项中，应确认收入的有（　　）。

    A. 销售原材料   B. 销售包装物

    C. 在建工程领用原材料   D. 出租包装物

19. 下列费用的发生应划归为各项"期间费用"进行核算的有（　　）。

    A. 借款利息支出 1 000 元   B. 所得税费用 500 元

    C. 广告宣传费支出 2 000 元   D. 商品维修费支出 500 元

20. 下列项目中，属于财务费用的有（　　）。

    A. 经营活动中支付银行借款的手续费

    B. 销售商品发生的商业折扣

    C. 财务部门的办公费

    D. 计提的短期借款利息

（三）判断题

1. 企业提供建筑安装劳务，当履约进度不能合理确定，且已经发生的成本预期能够得到补偿的，应当按照已经发生的成本确认收入，直到履约进度能够合理确定为止。 （　　）

2. 确认和计量任何一项合同收入都必须经过五个步骤。 （　　）

3. 在某一时段内履行的履约义务，若能合理确定履约进度的，企业应于资产负债表日按照合同的交易价格总额乘以履约进度扣除以前会计期间累计已确认的收入后的金额，确认当期收入。 （　　）

4. 管理用固定资产的日常修理费计入管理费用。 （　　）

5. 销售过程中发生的运输费，应计入销售产品的成本中。 （　　）

6. 财务部门人员报销差旅费应计入财务费用。 （　　）

7. 营业外收入的实现必然伴随着营业外支出的发生。 （　　）

8. 企业接受固定资产捐赠产生的利得计入资本公积。 （　　）

9. 年末，如果"利润分配——未分配利润"明细账有借方余额，表示累计未弥补的亏损。 （　　）

10. 企业用税后利润弥补亏损时，无须专门做弥补亏损的会计分录。 （　　）

（四）业务题

练习一

【目的】练习收入的核算方法。

【资料】泰山公司为增值税一般纳税人，所有商品的增值税税率均为 13%，2020 年 5 月发生下列与商品销售有关的经济业务。

（1）5 月 1 日，泰山公司与乙公司签订合同销售 A 商品一批，当日 A 商品的控制权已发生转移，增值税专用发票上注明售价为 50 000 元，增值税税额为 6 500 元，相关款项约定于 2020 年 6 月 1 日收取。该批 A 商品的成本为 30 000 元。

（2）5 月 10 日，泰山公司与丙公司签订合同，向其销售 A、B 两项商品，合同价款为 2 000 元，其中 A 商品交易价格为 400 元，B 商品交易价格为 1 600 元。合同约定，A 商品于合同开始日交付，B 商品在一个月之后交付，只有当 A、B 两项商品全部交付之后，泰山公司才有权收取 2 000 元的合同对价。假定 A 商品和 B 商品构成两项履约义务，其控制权在交付时转移给客户，其交易成本分别为 200 元和 800 元。上述价格均不包含增值税，且假定不考虑相关税费影响。

（3）5 月 16 日销售给丁公司 C 商品 10 000 件，并开具增值税专用发票，每件商品的标价为 50 元（不含增值税），C 商品适用的增值税税率为 13%；每件商品的实际成本为 12 元；由于是成批销售，给予丁公司 10% 的商业折扣，并在销售合同中规定现金折扣条件为 2/10，N/30；C 商品于 5 月 16 日发出，商品控制权在同一天转移。泰山公司判断该现金折扣对丁公司很有吸引力，丁公司极可能在 10 天内付款。5 月 25 日泰山公司收到全部款项。假定计算现金折扣不考虑增值税。

【要求】根据以上资料，编制会计分录。

练习二

【目的】练习期间费用的核算方法。

【资料】泰山公司为增值税一般纳税人，2020 年 6 月发生下列经济业务。

（1）6 月 2 日，以银行存款 3 000 元支付销售产品应负担的运输费，不考虑增值税。

（2）6 月 10 日，以银行存款 106 000 支付广告费，其中 6 000 元为可抵扣的增值税。

（3）6 月 30 日，分配管理部门人员的职工薪酬 600 000 元。

（4）6 月 30 日，计提行政管理部门的固定资产折旧 35 000 元。

（5）6 月 30 日，以银行存款归还短期借款的本月借款利息 4 000 元。

（6）月末，结转本月发生的销售费用、管理费用和财务费用。

【要求】根据以上资料，编制会计分录。

练习三

【目的】练习利润形成的核算方法。

【资料】泰山公司 2020 年 12 月，如下经济业务。

（1）将无法归还的应付账款 10 000 元予以转销。

（2）用银行存款 5 000 元支付违约金。

（3）接银行通知，收到对方支付的罚款收入 15 000 元。

（4）结转本月实现的各项收入，其中，主营业务收入 150 000 元，营业外收入 50 000 元。

（5）结转本月发生的各项费用，其中，主营业务成本 50 000 元，销售费用 2 500 元，管理费用 45 000 元，财务费用 1 500 元，税金及附加 4 000 元，营业外支出 18 000 元。

（6）假设 1～11 月的累计利润总额为 87 100 元，且企业无纳税调整项目。按 25% 的税率计算本年应交所得税并予以结转。

练习四

【目的】练习利润结转及分配的核算方法。

【资料】泰山公司 2020 年 12 月 31 日，结账前损益类中有关收入类账户的贷方余额如下：主营业务收入 170 000 元，其他业务收入 20 000 元，营业外收入 50 000 元，投资收益 15 000 元。损益类有关费用账户的借方余额如下：主营业务成本 106 000 元，税金及附加 935 元，销售费用 3 000 元，管理费用 19 365 元，财务费用 700 元，其他业务支出 10 000 元，营业外支出 25 000 元。

【要求】根据上述资料，为下列各项业务编制会计分录。

（1）结转泰山公司 2020 年 12 月各损益类账户的余额。

（2）企业无纳税调整项目，计算泰山公司 2020 年的利润总额、应交所得税，且并编制会计分录。

（3）结转所得税费用。

（4）计算泰山公司 2020 年的净利润，并予以结转。

（5）按净利润的 10% 提取法定盈余公积。

（6）拟向股东分配现金股利 15 000 元。

（7）结转"利润分配"所属各明细账户余额。

三、练习题参考答案

（一）单项选择题

1. B	2. B	3. A	4. B	5. D	6. D
7. C	8. D	9. D	10. C	11. A	12. B
13. C	14. D	15. D	16. D	17. C	18. A
19. D	20. A				

（二）多项选择题

1. BCD	2. CD	3. AD	4. BD	5. AB	6. AB
7. BCD	8. ABD	9. ABCD	10. ABC	11. ABCD	12. BCD
13. ABC	14. ABCD	15. AD	16. ACD	17. ABC	18. ABD
19. ACD	20. AD				

（三）判断题

1. √	2. ×	3. √	4. √	5. ×	6. ×
7. ×	8. ×	9. √	10. √		

（四）业务题

练习一

（1）借：应收账款 　　　　　　　　　　　　　　　　　56 500

　　　　贷：主营业务收入 　　　　　　　　　　　　　　　50 000

　　　　　　应交税费——应交增值税（销项税额）　　　　6 500

借：主营业务成本 　　　　　　　　　　　　　　　　　30 000

　　贷：库存商品 　　　　　　　　　　　　　　　　　　30 000

（2）①交付 A 商品时：

借：合同资产 　　　　　　　　　　　　　　　　　　　400

　　贷：主营业务收入 　　　　　　　　　　　　　　　　400

借：主营业务成本——A 　　　　　　　　　　　　　　200

　　贷：库存商品——A 　　　　　　　　　　　　　　　200

②交付 B 商品时：

借：应收账款 　　　　　　　　　　　　　　　　　　2 000

贷：合同资产		400
主营业务收入		1 600
借：主营业务成本——B		800
贷：库存商品——B		800

（3）① 5 月 16 日销售实现时，按最可能发生的金额确认收入：

借：应收账款		499 500
贷：主营业务收入		441 000
应交税费——应交增值税（销项税额）		58 500
借：主营业务成本		120 000
贷：库存商品		120 000

② 5 月 25 日收到货款时：

借：银行存款		499 500
贷：应收账款		499 500

练习二

（1）借：销售费用		3 000
贷：银行存款		3 000
（2）借：销售费用		10 000
应交税费——应交增值税（进项税额）		6 000
贷：银行存款		106 000
（3）借：管理费用		600 000
贷：应付职工薪酬		600 000
（4）借：管理费用		35 000
贷：累计折旧		35 000
（5）借：财务费用		4 000
贷：银行存款		4 000
（6）借：本年利润		652 000
贷：管理费用		635 000
销售费用		13 000
财务费用		4 000

练习三

（1）借：应付账款		10 000
贷：营业外收入		10 000

（2）借：营业外支出   5 000

    贷：银行存款   5 000

（3）借：银行存款   15 000

    贷：营业外收入   15 000

（4）借：主营业务收入   150 000

    营业外收入   50 000

    贷：本年利润   200 000

（5）借：本年利润   121 000

    贷：主营业务成本   50 000

      税金及附加   4 000

      销售费用   2 500

      管理费用   45 000

      财务费用   1 500

      营业外支出   18 000

（6）本年应交所得税 $=[87\,100+(200\,000-121\,000)]\times25\%=41\,525$（元）

借：所得税费用   41 525

    贷：应交税费——应交所得税   41 525

借：本年利润   41 525

    贷：所得税费用   41 525

练习四

（1）借：主营业务收入   170 000

    其他业务收入   20 000

    营业外收入   50 000

    投资收益   15 000

    贷：本年利润   255 000

借：本年利润   165 000

    贷：主营业务成本   106 000

      税金及附加   935

      销售费用   3 000

      管理费用   19 365

      财务费用   700

      其他业务支出   10 000

      营业外支出   25 000

（2）企业实现利润总额 = 255 000 – 165 000 = 90 000（元）。

按25%的税率计算和结转应交所得税费用 = 90 000 × 25% = 22 500（元）。

借：所得税费用　　　　　　　　　　　　　　　　　　22 500
　　贷：应交税费——应交所得税　　　　　　　　　　　　　22 500

（3）借：本年利润　　　　　　　　　　　　　　　　　　22 500
　　　　贷：所得税费用　　　　　　　　　　　　　　　　　22 500

（4）企业实现净利润 = 90 000 – 22 500 = 67 500（元）。

借：本年利润　　　　　　　　　　　　　　　　　　　67 500
　　贷：利润分配——未分配利润　　　　　　　　　　　　67 500

（5）借：利润分配——提取法定盈余公积　　　　　　　　6 750
　　　　贷：盈余公积——法定盈余公积　　　　　　　　　　6 750

（6）借：利润分配——应付现金股利或利润　　　　　　15 000
　　　　贷：应付股利　　　　　　　　　　　　　　　　　15 000

（7）借：利润分配——未分配利润　　　　　　　　　　21 750
　　　　贷：利润分配——提取法定盈余公积　　　　　　　6 750
　　　　　　　　　　——应付现金股利或利润　　　　　　15 000

四、复习思考题及参考答案

1. 收入确认的原则是什么？

收入是指企业在日常活动中形成的、会导致所有者权益增加的、与所有者投入资本无关的经济利益的总流入。

收入的确认要满足一定的原则，企业应当在履行了合同中的履约义务，即在客户取得相关商品控制权时确认收入。取得相关商品控制权，是指客户能够主导该商品的使用并从中获得几乎全部经济利益，也包括有能力阻止其他方主导该商品的使用并从中获得经济利益。取得商品控制权包括三个要素：

（1）企业只有在客户拥有现时权利，能够主导该商品的使用并从中获得几乎全部经济利益时，才能确认收入。如果根据合同约定，客户在生产过程中或更晚的时点主导该商品的使用并从中获益，企业在该时点才能确认收入，在此之前，企业不应当确认收入。

（2）客户有能力主导该商品的使用，即客户在其活动中有权使用该商品，或者能够允许或阻止其他方使用该商品。

（3）客户能够获得商品几乎全部的经济利益。商品的经济利益是指商品的潜在现金流量，既包括现金流入的增加，也包括现金流出的减少。客户可以通过使用、消耗、出售、处置、交换、抵押或持有等多种方式直接或间接地获得商品的经济利益。

2. 收入确认和计量的步骤如何？

收入确认和计量大致分为五步。

第一步，识别与客户订立的合同。合同是企业确认收入的前提，企业与客户之间一经签订合同，企业即负有向客户转移商品和服务的履约义务，同时享有收取商品和服务对价的权利。

第二步，识别合同中的单项履约义务。履约义务是指合同中企业向客户转让可明确区分商品或服务的承诺。企业应当将向客户转让可明确区分商品（或者商品的组合）的承诺以及向客户转让一系列实质相同且转让模式相同的、可明确区分商品的承诺作为单项履约义务。只有在满足可明确区分条件的商品和服务，才能被识别为单项履约义务。

第三步，确定交易价格。交易价格是指企业因向客户转让商品而预期有权收取的对价金额，不包括企业代第三方收取的款项（如增值税）以及企业预期将退还给客户的款项。交易价格，可能是固定金额、可变金额或两者兼有。

第四步，将交易价格分摊至各单项履约义务。当合同中包含两项或多项履约义务时，需要将交易价格分摊至各单项履约义务，分摊的方法是在合同开始日，按照各单项履约义务所承诺商品的单独售价（企业向客户单独销售商品的价格）的相对比例，将交易价格分摊至各单项履约义务。通过分摊交易价格，使企业分摊至各单项履约义务的交易价格能够反映其因向客户转让已承诺的相关商品而有权收取的对价金额。

第五步，履行各单项履约义务时确认收入。当企业将商品转移给客户，客户取得了相关商品的控制权，意味着企业履行了合同履约义务，控制权发生了转移，此时企业应确认收入。

3. 营业利润、利润总额和净利润有什么区别和联系？

营业利润，是指企业在销售商品、提供劳务等日常经营活动中所产生的损益。利润总额（即税前利润），是企业各种经济活动取得的尚未扣除所得税费用的利润之总和。净利润（即税后利润），是企业在一定会计期间的最终经营成果。它们分别反映企业不同层次或范围的经营成果，其联系是它们均是衡量企业经营效益的重要经济指标，是评价企业盈利能力和管理绩效的基本工具。

4. 营业外收入与营业外支出包括哪些主要内容？

营业外收入是指企业发生的与其日常活动无直接关系的各项利得，主要包括非流动资产毁损报废收益、与企业日常活动无关的政府补助、确实无法支付的应付账款、盘盈利得、捐赠利得等。营业外支出是指企业发生的与其日常活动无直接关系的各项损失，主要包括非流动资产毁损报废损失、捐赠支出、盘亏损失、非常损失、罚款支出等。

5. 利润分配的顺序是什么？如何对其进行会计处理？

利润分配是将企业实现的净利润按照相关法律法规进行分配，以保证所有者的合法权益和企业长期、稳定地发展。企业实现的利润应按以下顺序分配：（1）弥补企业以前年度亏损；（2）提取法定盈余公积金；（3）提取任意盈余公积金；（4）向投资者分配利润。

企业应通过"利润分配"科目，核算企业利润的分配（或亏损的弥补）和历年分配（或弥补）后的未分配利润（或未弥补亏损）。该科目应分别"提取法定盈余公积""提取任意盈余公积""应付现金股利或利润""盈余公积补亏""未分配利润"等进行明细核算。当进行利润分时，应借记"利润分配——提取法定盈余公积""利润分配——提取任意盈余公积""利润分配——应付现金股利"等账户，贷记"盈余公积""应付股利"等账户。

五、会计思政教材案例与分析提示

【案例】东方金钰财务造假案

东方金钰是一家 2005 年上市的公司，主营业务是珠宝首饰产品的设计、采购和销售。由于其 2016~2018 年虚构业务数额巨大，被列为 2020 年证监稽查的典型违法案例之一。2016 年至 2018 年上半年，东方金钰股份有限公司为完成营业收入、利润总额等业绩指标，伪造翡翠原石采购、销售合同，控制 19 个银行账户伪造采购、销售资金往来，累计虚构利润 3.6 亿元。本案例表明，上市公司系统性财务造假严重影响上市公司质量提高，严重侵害投资者合法权益，是不可触碰的监管"高压线"。

表 7-1　　　　　　　　　　东方金钰相关财务数据　　　　　　　　单位：万元

项目	2016 年年报	2017 年年报	2018 年年报
营业收入	659 154.83	927 662.91	296 097.86
同比增长率（%）	-23.89	40.74	-68.08

续表

项目	2016 年年报	2017 年年报	2018 年年报
营业成本	573 981.28	830 398.82	311 561.54
同比增长率（%）	-27.37	44.67	-62.48
毛利率（%）	12.92	10.48	-5.22

思考：根据以上资料，结合收入、费用利润等相关知识，谈谈对东方金钰财务造假案的看法。

案例来源：2020 年证监稽查 20 起典型违法案例，http：//www.csrc.gov.cn/csrc/c100200/c05c3c60224614884871d98cf84f9f39b/content.shtml；叶钦华，叶凡，黄世忠. 收入舞弊的识别与应对——基于东方金钰交易造假的案例分析［J］. 财务与会计，2021（15）：36-40.

【分析提示】

公司通过虚构客户和供应商，签订虚假采购、销售合同，虚构收入及利润。舞弊行为若要不被发现，通常需要进行系统性造假，所涉及的利润表项目有营业成本、营业收入、利润总额，来保证利润＝收入－费用等式的平衡。一般来说，虚增营业收入和利润总额要相应地调整营业成本，但为了节省造假成本，企业也可能会人为调整毛利率，特别是在成品定价或成本结转难以核实的翡翠珠宝行业。

这也给了我们一定的启示，东方金钰在 2016 年的营业收入发生 23.89% 的降幅后，2017 年又突然取得 40.74% 的增长。但公司为主业相对单一的珠宝首饰制造业，业务模式和收入结构并未发生改变，难以解释其营业收入连续大幅度的异动。以刚泰集团、金一文化、秋林集团、潮宏基、刚泰控股、金州慈航等六家上市公司作为同时期同行业对比公司，均未发生如此大规模的营业收入异动，这可能是比较强的舞弊预警信号，但应该引起足够的谨慎和警惕，并结合其他财务指标进行深入分析。

第八章　财务报告

一、本章要点速览

（一）财务报告

财务报告，是指企业对外提供的反映企业某一特定日期财务状况和某一会计期间经营成果、现金流量的报告文件。财务报告分为年报、半年报、季报和月报几种。年度财务报表至少应当包括下列组成部分：（1）资产负债表；（2）利润表；（3）现金流量表；（4）所有者权益（或股东权益，下同）变动表；（5）附注。称为"四表一注"。

半年报、季报和月报称为中期报告，中期财务报告至少应当包括资产负债表、利润表、现金流量表和报表附注。

（二）资产负债表

资产负债表是反映企业某一特定日期财务状况的会计报表，属于静态报表。该表编制的理论依据是"资产 = 负债 + 所有者权益"。资产负债表的格式主要有报告式和账户式。我国资产负债表是账户式。资产项目自上往下按流动性由强到弱排列，资产负债表各项目主要根据有关账户期末余额填列。资产负债表分为左方和右方，左方反映资产各项目，自上往下按流动性由强到弱排列；右方列示负债和所有者权益各项目，资产合计等于负债和所有者权益合计。通过账户式资产负债表，反映资产、负债和所有者权益之间的内在关系，并达到资产负债表左方和右方平衡。同时，资产负债表还提供年初数和期末数的比较资料。

（三）利润表

利润表是反映企业一定期间经营成果的会计报表，属于动态报表。利润表主要反映企业的获利能力。利润表的理论依据是"收入 – 费用 = 利润"。利润表的格式主要有单步式和多步式。我国采用多步式。利润表各项目根据相关账户的本期发生额填列。利润表是依据"利润＝收入－费用＋直接计入当期利润利得－直接计入当期利润损失"这一会计等式，按照一定的标准和顺序，将企业一定会计期间的各项收入、费用以及构成利润的各个项目予以适当排列编制而成的。

多步式利润表要通过多步计算确定企业当期的净利润。即：

（1）营业利润＝营业收入－营业成本－税金及附加－销售费用－管理费用－财务费用＋其他收益＋投资收益（－投资损失）＋公允价值变动收益（－公允价值变动损失）－信用减值损失－资产减值损失＋资产处置收益（－资产处置损失）。

（2）利润总额＝营业利润＋营业外收入－营业外支出。

（3）净利润（或净亏损）＝利润总额－所得税费用。

（4）综合收益＝净利润＋其他综合收益的税后净额。

（四）现金流量表

现金流量表是反映企业在一定会计期间现金和现金等价物流入和流出的报表。现金流量表中的现金，是指企业库存现金以及可以随时用于支付的存款。不能随时用于支付的存款不属于现金。现金主要包括：（1）库存现金；（2）银行存款；（3）其他货币资金；（4）现金等价物。

现金流量是指一定会计期间企业现金的流入和流出，可以分为三类，即经营活动产生的现金流量、投资活动产生的现金流量和筹资活动产生的现金流量。我国企业的现金流量表包括正表和补充资料两部分。正表采用报告式的结构，按照现金流量的性质依次分类反映经营活动产生的现金流量、投资活动产生的现金流量和筹资活动产生的现金流量，最后汇总反映企业现金及现金等价物净增加额。

补充资料包括三部分内容：（1）将净利润调节为经营活动的现金流量；（2）不涉及现金收支的投资和筹资活动；（3）现金及现金等价物净增加情况。

经营活动产生的现金流量通常可以采用直接法和间接法两种方法反映。

直接法是通过现金收入和现金支出的主要类别反映来自企业经营活动、投资活动、筹资活动的现金流量。采用直接法时，经营活动一般以利润表中的营业收入为起点，调整与经营活动有关项目的增减变动，然后计算出经营活动的现金流量。

间接法是以本期净利润为起点，调整不涉及现金的收入、费用、营业外收支等有关项目的增减变动，据此计算出经营活动的现金流量。在我国，现金流量表正表采用直接法编制，现金流量表的补充资料采用间接法反映经营活动现金流量。

（五）所有者权益变动表

所有者权益变动表应当反映构成所有者权益的各组成部分当期的增减变动情况。当期损益、直接计入所有者权益的利得和损失以及与所有者（或股东，下同）的资本交易导致的所有者权益的变动，应当分别列示。所有者权益变动表至少应当单独列示反映下列信息的项目：

（1）净利润；

（2）直接计入所有者权益的利得和损失项目及其总额；

（3）会计政策变更和差错更正的累积影响金额；

（4）所有者投入资本和向所有者分配利润等；

（5）按照规定提取的盈余公积；

（6）实收资本（或股本）、资本公积、盈余公积、未分配利润的期初和期末余额及其调节情况。

（六）附注

附注是对资产负债表、利润表、现金流量表和所有者权益变动表等报表中列示项目的文字描述或明细资料，以及对未能在这些报表中列示项目的说明等。

附注是财务报表的重要组成部分。根据企业会计准则的规定，企业应当按照如下顺序披露附注的内容：

（1）企业的基本情况；

（2）财务报表的编制基础；

（3）遵循企业会计准则的声明；

（4）重要会计政策和会计估计；

（5）会计政策和会计估计变更以及差错更正的说明；

（6）报表重要项目的说明；

（7）或有和承诺事项、资产负债表日后非调整事项、关联方关系及其交易等需要说明的事项；

（8）有助于财务报表使用者评价企业管理资本的目标、政策及程序的信息。

（七）财务报表分析

财务报表分析就是以财务报表和其他相关资料为依据，采用专门的方法，计算、分析、评价企业财务状况、经营成果和现金流量及其变动，目的是了解过去、评价现在、预测未来，为企业内部和外部利益相关者提供决策有用的信息。财务报表分析的方法主要有比较分析法、比率分析法、趋势分析法、因素分析法等。

财务报表分析中，通常计算的指标有反映企业偿债能力、营运能力和盈利能力三大类指标。

偿债能力的分析包括短期偿债能力分析和长期偿债能力分析两个方面。反映企业短期偿债能力的指标主要有流动比率和速动比率等；反映企业长期偿债能力的指标通常有资产负债率和已获利息倍数等。

企业营运能力是指企业运用资产获取收入的能力，通常用各种资产的周转率指标来衡量。衡量企业营运能力的指标主要有存货周转率、应收账款周转率等。

盈利能力是指企业赚取利润的能力。反映企业盈利能力的指标很多，如销售利润率、净资产收益率等。

二、练习题

（一）单项选择题

1. 在资产负债表中，资产和负债项目的排列顺序是按照（　　）。

    A. 重要性   B. 流动性

    C. 实用性   D. 灵活性

2. 下列资产负债表项目中，不能根据总账余额直接填列的是（　　）。

    A. 应付票据   B. 存货

    C. 短期借款   D. 资本公积

3. 资产负债表账户式结构的理论依据是（　　）。

    A. 资产 – 负债 = 所有者权益

    B. 资产 = 负债 + 所有者权益

    C. 资产 = 负债 + 所有者权益 + 利润

    D. 所有账户期末借方余额合计数 = 所有账户期末贷方余额合计数

4. 下列因素的变动不影响营业利润而影响利润总额的是（　　）。

    A. 管理费用   B. 投资收益

    C. 营业外支出   D. 财务费用

5. "货币资金"项目在资产负债表上需要根据（　　）。

    A. 总账科目余额直接填列   B. 几个总账科目余额计算填列

    C. 根据明细科目余额计算填列   D. 根据报表各项数字抵消计算填列

6. 某企业"应付账款"科目月末贷方余额 20 000 元，其中："应付账款——甲公司"明细科目贷方余额为 15 000 元，"应付账款——乙公司"明细科目贷方余额为 5 000 元。"预付账款"科目月末贷方余额 30 000 元，其中："预付账款——

A 单位"明细科目借方余额为 10 000 元。该企业月末资产负债表中"预付款项"项目的金额为（　　）元。

  A. 10 000　　　　　　　　　　B. 30 000

  C. – 30 000　　　　　　　　　　D. – 10 000

7. 资产负债表是反映企业（　　）财务状况的会计报表。

  A. 某一特定日期　　　　　　　　B. 一定时期内

  C. 某一年份内　　　　　　　　　D. 某一月份内

8. 按照我国会计准则的要求，资产负债表采用的格式为（　　）。

  A. 单步报告式　　　　　　　　　B. 多步报告式

  C. 账户式　　　　　　　　　　　D. 混合式

9. 在下列各个财务报表中，属于反映企业对外的静态报表的是（　　）。

  A. 利润表　　　　　　　　　　　B. 成本报表

  C. 现金流量表　　　　　　　　　D. 资产负债表

10. 所有者权益变动表是（　　）。

  A. 利润表的附表　　　　　　　　B. 资产负债表的附表

  C. 现金流量表的附表　　　　　　D. 财务报表的主表

11. "应收账款"科目所属明细科目如有贷方余额，应在资产负债表（　　）项目中反映。

  A. 预付账款　　　　　　　　　　B. 预收款项

  C. 应收账款　　　　　　　　　　D. 应付账款

12. 依照我国会计准则的要求，利润表所采用的格式为（　　）。

  A. 单步式　　　　　　　　　　　B. 多步式

  C. 账户式　　　　　　　　　　　D. 混合式

13. 资产负债表的下列项目中，需要根据几个总账账户的期末余额进行汇总填列的是（　　）。

  A. 长期股权投资　　　　　　　　B. 预计负债

  C. 货币资金　　　　　　　　　　D. 实收资本

14. 下列不属于中期报告的是（　　）。

  A. 年报　　　　　　　　　　　　B. 月报

  C. 季报　　　　　　　　　　　　D. 半年报

15. 东岳公司 20×3 年 6 月 30 日"固定资产"账户余额为 960 万元，"累计折旧"账户余额为 190 万元，"固定资产减值准备"账户余额为 70 万元，则东岳公司 20×3 年 6 月 30 日的资产负债表中，"固定资产"项目期末余额为（　　）万元。

A. 700　　　　　　　　　　B. 770

C. 890　　　　　　　　　　D. 960

16. 资产负债表的下列项目中，可以根据总账账户余额直接填列的是（　　）。

A. 应付职工薪酬　　　　　　B. 存货

C. 长期借款　　　　　　　　D. 预收账款

17. 某公司 20×3 年 6 月份利润表的"本期金额"栏中，营业利润为 -78 100 元，营业外收入为 123 600 元，营业外支出为 152 300 元，则利润总额为（　　）元。

A. -106 800　　　　　　　B. -49 400

C. 45 500　　　　　　　　　D. 49 400

18. 企业本月利润表中的营业收入为 450 000 元，营业成本为 216 000 元，税金及附加为 9 000 元，管理费用为 10 000 元，财务费用为 5 000 元，销售费用为 8 000 元，则其营业利润为（　　）元。

A. 217 000　　　　　　　　B. 225 000

C. 234 000　　　　　　　　D. 202 000

19. "利润表"中"本期数"栏各项目数字是根据损益类账户的（　　）填列的。

A. 期初余额　　　　　　　　B. 期末余额

C. 本期发生额　　　　　　　D. 累计发生额合计数

20. 某企业 20×3 年主营业务收入科目贷方发生额是 2 000 万元，借方发生额为退货 50 万元，发生现金折扣 50 万元，其他业务收入科目贷方发生额 100 万元，其他业务成本科目借方发生额为 80 万元，那么企业利润表中"营业收入"项目填列的金额为（　　）万元。

A. 2 000　　　　　　　　　B. 2 050

C. 2 100　　　　　　　　　D. 2 070

（二）多项选择题

1. 在利润表中，应列入"税金及附加"项目中的税金有（　　）。

A. 增值税　　　　　　　　　B. 消费税

C. 城市维护建设税　　　　　D. 资源税

E. 教育费附加

2. 企业的下列报表中，属于对外的财务报表的有（　　）。

A. 资产负债表　　　　　　　B. 利润表

C. 所有者权益变动表　　　　D. 制造成本表

E. 现金流量表

3. 财务报表的使用者包括（　　　）。

    A. 债权人   B. 企业内部管理层

    C. 投资者   D. 潜在投资者

    E. 国家政府部门

4. 构成营业利润的要素主要包括（　　　）。

    A. 营业收入   B. 营业成本

    C. 税金及附加   D. 销售费用

    E. 管理费用

5. 财务报告的目标有（　　　）。

    A. 提高经济效益

    B. 向财务会计报告使用者提供决策有用信息

    C. 维护财经纪律

    D. 反映企业管理层受托责任履行情况

6. 关于资产负债表，下列说法中正确的有（　　　）。

    A. 又称为财务状况表

    B. 可据以分析企业的经营成果

    C. 可据以分析企业的债务偿还能力

    D. 可据以分析企业在某一日期所拥有的经济资源及其分布情况

7. 某企业期末"应付账款"账户为贷方余额 260 000 元，其所属明细账户的贷方余额合计为 330 000 元，所属明细账户的借方余额合计为 70 000 元；"预付账款"账户为借方余额 150 000 元，其所属明细账户的借方余额合计为 200 000 元，所属明细账户的贷方余额合计为 50 000 元。则该企业资产负债表中"应付账款"和"预付款项"两个项目的期末数分别应为（　　　）元。

    A. 380 000   B. 260 000

    C. 150 000   D. 270 000

8. 关于利润表，下列说法中正确的有（　　　）。

    A. 它属于静态报表

    B. 它属于动态报表

    C. 它反映企业在一定会计期间的经营成果

    D. 可据以分析企业的获利能力及利润的未来发展趋势

9. 利润表中，"营业成本"项目的"本期金额"，应根据（　　　）账户的本期发生额计算填列。

    A. 生产成本   B. 主营业务成本

    C. 其他业务成本   D. 制造费用

10. 现金流量表中的现金是指广义的现金，它包括（　　　）。

　　A. 库存现金　　　　　　　　B. 银行存款

　　C. 其他货币资金　　　　　　D. 现金等价物

11. 财务报表按编报的时间不同，可以分为（　　　）。

　　A. 月报　　　　　　　　　　B. 年报

　　C. 季报　　　　　　　　　　D. 半年报

12. 资产负债表中的应收账款（未考虑坏账准备）项目应根据（　　　）计算填列。

　　A. 应收账款总账余额

　　B. 应收账款所属明细账借方余额合计

　　C. 预收账款所属明细账借方余额合计

　　D. 预收账款所属明细账贷方余额合计

13. 下列各项中，应列入利润表"营业成本"项目的有（　　　）。

　　A. 销售材料成本　　　　　　B. 无形资产处置净损失

　　C. 固定资产盘亏净损失　　　D. 经营出租固定资产折旧费

14. 动态报表是反映企业资产运动处于显著变动状态的财务报表，它包括（　　　）。

　　A. 资产负债表　　　　　　　B. 现金流量表

　　C. 利润表　　　　　　　　　D. 会计报表附注

15. 下列各项中，应列入资产负债表"应收账款"项目的有（　　　）。

　　A. 预付职工差旅费　　　　　B. 代购货单位垫付的运杂费

　　C. 销售产品应收取的款项　　D. 对外提供劳务应收取的款项

（三）判断题

1. 资产负债表是反映企业在一定时期内的资产、负债和所有者权益情况的报表。　　　　　　　　　　　　　　　　　　　　　　　　（　　　）

2. 企业的财务会计报告分为年度、半年度、季度和月度财务会计报告。　　　　　　　　　　　　　　　　　　　　　　　　　　　　（　　　）

3. 利润表是反映企业月末、季末或年末取得的利润和发生的亏损情况的报表。　　　　　　　　　　　　　　　　　　　　　　　　　（　　　）

4. 所有者权益变动表是反映企业在一定期间内所有者权益变动情况的报表，是资产负债表的附表。　　　　　　　　　　　　　　　　（　　　）

5. 目前国际上比较普遍的利润表的格式主要有多步式利润表和单步式利润表两种。为简便明晰起见，我国企业采用的是单步式利润表格式。　（　　　）

6. 资产负债表中，"长期借款"项目，应根据"长期借款"的总账余额直接填列。　　　　　　　　　　　　　　　　　　　　　　　　　　（　　）

7. 资产负债表中，"应付职工薪酬"项目要根据"应付职工薪酬"总账科目余额直接填列。　　　　　　　　　　　　　　　　　　　　　　（　　）

8. 资产负债表是时点报表，利润表是时期报表，前者主要反映一个企业的财务状况及偿债能力，后者主要反映企业的获利能力。　　　　　（　　）

9. 营业利润的计算以营业收入为基础，减去营业成本、税金及附加、销售费用、管理费用、财务费用、资产减值损失、公允价值变动收益，最后加上投资收益。　　　　　　　　　　　　　　　　　　　　　　　　　　　（　　）

10. 资产负债表是反映企业在一定时期内财务状况变动情况的报表。（　　）

11. 资产负债表是静态报表。　　　　　　　　　　　　　　　　　（　　）

12. 编制以 12 月 31 日为资产负债表日的资产负债表时，表中的"未分配利润"项目应根据"利润分配"账户的年末余额直接填列。　　　　　（　　）

13. 20×3 年 3 月 31 日，某公司"本年利润"账户为贷方余额 153 000 元，"利润分配"账户为贷方余额 96 000 元，则 2020 年 12 月 31 日编制的资产负债表中，"未分配利润"项目应为 57 000 元。　　　　　　　　　　（　　）

14. 20×3 年 12 月 31 日，某公司"长期借款"账户贷方余额 520 000 元，其中，20×4 年 7 月 1 日到期的借款为 200 000 元，则当日编制的资产负债表中，"长期借款"项目的"期末余额"应为 320 000 元。　　　　　（　　）

15. 财务报告的目的是向财务报告使用者提供会计信息及反映企业管理层受托责任的履行情况。　　　　　　　　　　　　　　　　　　　　　（　　）

16. 利润表中的利润总额是由营业利润和营业外收支净额组成的。　（　　）

17. 资产负债表左方各项目是按照各自的流动性大小，即变现能力的强弱来排列的。　　　　　　　　　　　　　　　　　　　　　　　　　　　（　　）

18. 我国采用报告式资产负债表。　　　　　　　　　　　　　　　（　　）

19. 利润表中"税金及附加"项目包括增值税和印花税。　　　　　（　　）

20."利润分配"总账的年末余额不一定与相应的资产负债表中未分配利润项目的数额一致。　　　　　　　　　　　　　　　　　　　　　　（　　）

（四）业务题

练习一

【目的】练习资产负债表有关项目的填列。

【资料】某企业 20×3 年 10 月末有关总账科目及明细账科目余额如表 8-1 所示。

表 8 – 1 　　　　　　　　　　　总账、细账科目余额 　　　　　　　　单位：元

总账科目	借方	贷方	明细科目	借方	贷方
库存现金	5 000				
银行存款	10 000				
原材料	80 000				
生产成本	30 000				
库存商品	40 000				
本年利润		80 000			
利润分配	35 000				
应收账款	8 000		甲公司 乙公司 丙公司	12 000	3 000 1 000
预收账款		50 000	A 公司 B 公司	15 000	65 000
应付账款		67 000	C 公司 D 公司	13 000	80 000
预付账款	48 000		E 公司 F 公司	52 000	4 000

【要求】根据上述资料计算并填列资产负债表有关项目的金额。

练习二

【目的】练习利润表的编制。

【资料】宏达公司 20×3 年度损益类账户发生额情况如表 8 – 2 所示。

表 8 – 2 　　　　宏达公司 20×3 年度有关损益类账户的累计发生额 　　　　单位：元

科目名称	借方发生额	贷方发生额
主营业务收入		2 626 000
主营业务成本	700 000	
税金及附加	140 000	
其他业务收入		100 000
其他业务成本	85 000	
销售费用	120 000	
管理费用	114 000	

续表

科目名称	借方发生额	贷方发生额
财务费用	72 000	
营业外收入		68 000
营业外支出	18 000	
所得税费用	509 850	

【要求】根据上述资料编制该企业 20×3 年度的利润表。

练习三

【目的】练习资产负债表的编制。

【资料】泰山公司为增值税一般纳税人，适用的增值税税率为 13%。原材料和库存商品均按实际成本法核算，商品售价不含增值税，其销售成本随销售同时结转。20×3 年 12 月 1 日资产负债表（简表）资料如表 8-3 所示。

表 8-3　　　　　　　　　　　资产负债表（简表）

编制单位：长江公司　　　　　　　20×3 年 12 月 1 日　　　　　　　单位：万元

资产	年初余额	负债和所有者权益	年初余额
货币资金	360	短期借款	180
交易性金融资产	126	应付票据及应付账款	252
应收票据及应收账款	234	应付职工薪酬	36
预付账款	1.8	应交税费	90
存货	540	应付利息	73.8
固定资产	1 800	长期借款	540
在建工程	180	实收资本	1 980
无形资产	126	盈余公积	180
长期待摊费用	18	未分配利润	54
资产总计	3 385.8	负债和所有者权益总计	3 385.8

20×3 年 12 月泰山公司发生如下交易或事项：

（1）购入材料一批，发票账单已经收到，增值税专用发票上注明的货款为 200 万元，增值税额为 26 万元。材料已验收入库，款项已经支付。

（2）销售库存商品一批，该批商品售价为 500 万元，增值税为 65 万元，实际成本为 320 万元，商品已发出。该批销售符合收入确认条件，款项尚未收到。

（3）出售交易性金融资产，售价 150 万元，该交易性金融资产的账面价值为 126 万元，其中成本为 100 万元，公允价值变动 26 万元。款项已经收到。

（4）计算并确认短期借款利息 15 万元。

（5）计算并确认坏账准备 4 万元。

（6）计提行政管理部门用固定资产折旧 30 万元；摊销管理用无形资产成本 18 万元。

（7）分配工资费用，其中企业行政管理人员工资 18 万元，在建工程人员工资 7 万元。

（8）计算并确认应交城市维护建设税 3 万元。

（9）转销无法支付的应付账款 30 万元。

（10）本年度所得税费用和应交所得税均为 36.5 万元（不考虑其他因素）；提取盈余公积 10.95 万元。

【要求】

1. 编制泰山公司 20×3 年度上述交易或事项（1）~（10）的会计分录（不需要编制各损益类科目结转本年利润以及利润分配的有关会计分录，金额单位为万元）。

2. 填列泰山公司 20×3 年 12 月 31 日的资产负债表（不需要列出计算过程，见表 8－4）。

表 8－4　　　　　　　　　　　　资产负债表（简表）

编制单位：长江公司　　　　　　　20×3 年 12 月 31 日　　　　　　　单位：万元

资产	年末余额	负债和所有者权益	年末余额
货币资金		短期借款	
交易性金融资产		应付票据及应付账款	
应收票据及应收账款		应付职工薪酬	
预付账款		应交税费	
存货		应付利息	
固定资产		长期借款	
在建工程		实收资本	
无形资产		盈余公积	
长期待摊费用		未分配利润	
资产总计		负债和所有者权益总计	

（"应交税费"科目要求写出明细科目和专栏名称，答案中的金额单位用万元表示）。

三、练习题参考答案

（一）单项选择题

1. B	2. B	3. B	4. C	5. B	6. A
7. A	8. C	9. D	10. D	11. B	12. B
13. C	14. A	15. A	16. A	17. A	18. D
19. C	20. A				

（二）多项选择题

1. BCDE	2. ABCE	3. ABCDE	4. ABCDE	5. BD	6. ACD
7. AD	8. BCD	9. BC	10. ABCD	11. ABCD	12. BC
13. AD	14. BC	15. BCD			

（三）判断题

1. ×	2. √	3. ×	4. ×	5. ×	6. ×
7. √	8. √	9. ×	10. ×	11. √	12. √
13. ×	14. √	15. √	16. √	17. √	18. ×
19. ×	20. ×				

（四）业务题

练习一

货币资金 = 5 000 + 10 000 = 15 000（元）

存货 = 80 000 + 30 000 + 40 000 = 150 000（元）

未分配利润 = 80 000 − 35 000 = 45 000（元）

应收账款 = 12 000 + 15 000 = 27 000（元）

预收款项 = 3 000 + 1 000 + 65 000 = 69 000（元）

应付账款 = 80 000 + 4 000 = 84 000（元）

预付款项 = 13 000 + 52 000 = 65 000（元）

练习二

利润表如表 8 - 5 所示。

表 8 - 5   利   润   表

编制单位：宏达公司   20×3 年度   单位：元

项目	本期金额
一、营业收入	2 726 000
减：营业成本	785 000
税金及附加	140 000
销售费用	120 000
管理费用	114 000
财务费用	72 000
加：投资收益	
二、营业利润	1 495 000
加：营业外收入	68 000
减：营业外支出	18 000
三、利润总额	1 545 000
减：所得税费用	509 850
四、净利润	1 035 150

练习三

1. 编制会计分录。

（1）借：原材料   200
         应交税费——应交增值税（进项税额）   26
         贷：银行存款   226

（2）借：应收账款   565
         贷：主营业务收入   500
             应交税费——应交增值税（销项税额）   65

借：主营业务成本   320
    贷：库存商品   320

（3）借：银行存款   150
         贷：交易性金融资产——成本   100
                           ——公允价值变动   26
             投资收益   24

　　借：公允价值变动损益　　　　　　　　　　　　26

　　　　贷：投资收益　　　　　　　　　　　　　　　　　26

（4）借：财务费用　　　　　　　　　　　　　　　15

　　　　贷：应付利息　　　　　　　　　　　　　　　　15

（5）借：信用减值损失　　　　　　　　　　　　　4

　　　　贷：坏账准备　　　　　　　　　　　　　　　　　4

（6）借：管理费用　　　　　　　　　　　　　　48

　　　　贷：累计折旧　　　　　　　　　　　　　　　　30

　　　　　　累计摊销　　　　　　　　　　　　　　　　18

（7）借：管理费用　　　　　　　　　　　　　　18

　　　　　　在建工程　　　　　　　　　　　　　　7

　　　　贷：应付职工薪酬　　　　　　　　　　　　　　25

（8）借：税金及附加　　　　　　　　　　　　　　3

　　　　贷：应交税费——应交城市维护建设税　　　　　　3

（9）借：应付账款　　　　　　　　　　　　　　30

　　　　贷：营业外收入　　　　　　　　　　　　　　　30

（10）借：所得税费用　　　　　　　　　　　　36.5

　　　　贷：应交税费——应交所得税　　　　　　　　36.5

　　借：利润分配——提取盈余公积　　　　　　10.95

　　　　贷：盈余公积　　　　　　　　　　　　　　10.95

2. 资产负债表（简表）如表 8 - 6 所示。

表 8 - 6　　　　　　　　　　资产负债表（简表）

编制单位：泰山公司　　　　　20×3 年 12 月 31 日　　　　　　单位：万元

资产	年末余额	负债和所有者权益	年末余额
货币资金	284 = 360 − 226 + 150	短期借款	180
交易性金融资产	0 = 126 − 126	应付票据及应付账款	222 = 252 − 30
应收票据及应收账款	795 = 234 + 565 − 4	应付职工薪酬	61 = 36 + 25
预付账款	1.8	应交税费	168.5 = 90 − 26 + 65 + 3 + 36.5
存货	420 = 540 + 200 − 320	应付利息	88.8 = 73.8 + 15
固定资产	1 770 = 1 800 − 30	长期借款	540

续表

资产	年末余额	负债和所有者权益	年末余额
在建工程	187 = 180 + 7	实收资本	1 980
无形资产	108 = 126 - 18	盈余公积	190. 95 = 180 + 10.95
长期待摊费用	18	未分配利润	152. 55 = 54 + 98.55
资产总计	3 583.8	负债和所有者权益总计	3 583.8

四、复习思考题及参考答案

1. 什么是财务报告？

答：财务报告，又称"财务会计报告"，是指企业对外提供的反映企业某一特定日期的财务状况和某一会计期间的经营成果、现金流量等会计信息的文件。财务报告对于投资者、债权人、政府及其有关部门和社会公众等信息使用者的决策具有重要意义。

2. 企业财务报告由哪些部分组成？

答：财务报告包括会计报表及其附注和其他应当在财务报告中披露的相关信息和资料。

3. 企业财务报表可分为哪些种类？

答：财务报表按照反映的经济内容分类，可分为反映企业财务状况的报表，如资产负债表；反映企业经营成果的报表，如利润表；反映企业现金流量的报表，如现金流量表。按照反映的资金运动形态分类，可分为静态报表和动态报表。按照编报的会计期间分类，可分为年度报表和中期报表。按照编报的会计主体分类，可分为个别报表和合并报表。

4. 什么是资产负债表？资产负债表有什么作用？

答：资产负债表（也称财务状况表），是指反映企业在某一特定日期（如在月末、季末或年末）的财务状况的会计报表。其作用：

（1）可以提供企业在某一特定日期资产的总额及结构，表明企业拥有和控制的资源及其分布情况；

（2）可以提供企业在某一特定日期的负债总额及其结构，表明企业未来需要用多少资产或劳务清偿债务以及清偿的时间；

（3）可以反映企业所有者在某一特定日期所拥有的权益及其形成的原因，据以判断资本保值、增值的情况以及负债的保障程度；

（4）通过对资产负债表的分析，还可以对企业日后的财务状况和财务安全程度进行预测。

5. 什么是利润表？利润表有什么作用？

答：利润表是指反映企业在一定会计期间（如月份、季度、年度）的经营成果的财务报表。利润表属于动态报表。其作用：

（1）通过利润表，可以反映企业一定会计期间经营业绩的主要来源和构成，有助于使用者判断净利润的质量及其风险，有助于使用者预测净利润的持续性，从而做出正确的决策。

（2）利润表也是预测现金流量的基础，是企业编制现金流量表的重要依据。

6. 什么是现金流量表？现金流量表有什么作用？

答：现金流量表是指反映企业在一定会计期间的现金和现金等价物流入和流出的财务报表。其作用：

（1）现金流量表是基于收付实现制假设编制，对于按权责发生制原则编制的资产负债表和利润表的有关项目起着解释和补充作用；

（2）编制现金流量表有助于评价企业支付能力、偿债能力和周转能力；有助于评价企业净利润的质量；有助于分析企业盈利质量及影响现金流量的因素；有助于预测企业未来获取现金的能力。

7. 现金流量表中的现金是指库存现金吗？

答：不是。它是指广义的现金，包括库存现金、银行存款（指企业存放在金融企业可以随时用于支付的存款）、其他货币资金和现金等价物（是指企业持有的期限短、流动性强、易于转换为已知金额现金、价值变动风险很小的投资）。

8. 谈谈资产负债表与利润表和现金流量表之间的关系及其表现。

答：资产负债表是反映企业某一时点的财务状况，利润表是反映企业在一定会计期间的经营成果，而现金流量表则是反映一定会计期间企业经营活动和财务活动对财务状况的影响，以及财务状况变动的原因。现金流量表是基于收付实现制假设编制，现金流量表的编制方法是以利润表为起点。其中，直接法是以利润表中的营业收入为起点，调整与经营活动有关项目的增减变动，然后计算经营活动的现金流量。间接法是以本期净利润为起算点，通过调整不涉及现金收付的收入、费用、营业外收支和经营性应收应付等项目的增减变动，计算出经营活动现金流量。现金流量表对于按权责发生制原则编制的资产负债表和利润表的有关项目起着解释和相辅相成的作用。可见，三表之间的关系非常密切。

9. 什么是所有者权益变动表？所有者权益变动表有什么作用？

答：所有者权益变动表，又称股东权益变动表，是指反映构成所有者权益各组成部分当期增减变动情况的报表。其作用是：全面反映一定时期内所有者权益变动的情况，不仅包括所有者权益总量的增减变动，还包括所有者权益增减变动的重要结构性信息，特别是反映直接计入所有者权益的利得和损失，让报表使用者准确理解所有者权益增减变动的根源。在所有者权益变动表中，净利润和直接计入所有者权益的利得和损失均单列项目反映，体现了企业综合收益的构成。

10. 财务报表附注的作用是什么？

答：财务报表附注是对资产负债表、利润表、现金流量表和所有者权益变动表等报表中列示项目的文字描述或明细资料，以及对未能在这些报表中列示项目的说明等。

11. 企业常用的财务分析比率有哪些？

答：财务报表分析中，通常计算的指标有反映企业偿债能力、营运能力和盈利能力三大类指标。偿债能力的分析包括短期偿债能力分析和长期偿债能力分析两个方面。反映企业短期偿债能力的指标主要有流动比率和速动比率等；反映企业长期偿债能力的指标通常有资产负债率和已获利息倍数等。企业营运能力是指企业运用资产获取收入的能力，通常用各种资产的周转率指标来衡量。衡量企业营运能力的指标主要有存货周转率、应收账款周转率等。盈利能力是指企业赚取利润的能力。反映企业盈利能力的指标很多，如：销售利润率、净资产收益率等。

五、会计思政教材案例与分析提示

【案例】可持续发展战略下的财务信息披露——以海尔智家为例

可持续发展是人类对工业文明进程进行反思的结果，是人类为了克服一系列环境、经济和社会问题，特别是全球性的环境污染和广泛的生态破坏，以及它们之间关系失衡所做出的理性选择，"经济发展、社会发展和环境保护是可持续发展的相互依赖互为加强的组成部分"，党中央、国务院把可持续发展作为国家的基本战略，号召全国人民积极参与这一伟大实践。近几年来，在可持续发展的全球性要求下，企业在环境、社会和公司治理方面的实践日益引起人们的重视。国务院国资委、证监会等多个部门出台了一系列政策，从信息披露、公司治理、生态保护等多个角度对企业进行指导。

作为全球化企业的代表之一，海尔智家在可持续发展战略方面一直处于行业的前沿位置，通过绿色低碳发展、ESG（环境、社会、治理）理念融入等举措，不断推动企业的可持续发展进程。海尔智家在其 2023 年度报告中披露了多个财务报表，包括资产负债表、利润表和现金流量表等（见表 8－7 和表 8－8）。这些报表反映了公司在财务状况、经营活动和资金运作等方面的情况，为研究可持续发展战略对会计信息质量的影响提供了重要数据支持。

表 8 - 7　　海尔智家股份有限公司 2023 年年度报告营业收入和营业成本　　　单位：元

项目	本期发生额		上期发生额	
	收入	成本	收入	成本
主营业务	633 158 770.00	546 305 360.36	335 344 865.65	292 889 261.14
其他业务	87 833 714.07	79 980 358.06	89 317 060.67	77 735 951.48
合计	720 992 484.07	626 285 718.42	424 661 926.32	370 625 212.62

表 8 - 8　　　　　　海尔智家股份有限公司 2023 年年度

报告利润表及现金流量表相关科目变动分析

科　目	本期数（元）	上年同期数（元）	变动比例（%）
营业收入	261 427 783 050.10	243 578 924 958.47	7.33
营业成本	179 053 959 580.31	167 263 342 432.05	7.05
销售费用	40 978 039 605.37	38 600 298 275.47	6.16
管理费用	11 489 640 885.88	10 846 346 796.51	5.93
财务费用	514 155 779.97	- 241 752 219.47	不适用
研发费用	10 221 013 589.28	9 507 384 787.81	7.51
经营活动产生的现金流量净额	25 262 376 228.30	20 256 557 145.86	24.71
投资活动产生的现金流量净额	- 17 085 065 181.85	- 8 925 734 712.45	不适用
筹资活动产生的现金流量净额	- 7 841 032 853.05	- 3 900 450 140.92	不适用
其他收益	1 558 864 654.36	1 070 103 842.60	45.67
公允价值变动收益	19 753 663.05	- 122 442 933.65	不适用
信用减值损失	- 242 642 129.31	- 431 377 480.82	不适用
资产处置收益	- 15 342 697.67	206 742 815.79	- 107.42
营业外支出	295 802 566.43	190 706 969.79	55.11
少数股东损益	135 454 728.88	21 258 126.54	537.19

　　海尔智家在会计信息披露的实践中展现了多方面的举措和成果，海尔严格遵守了境内外的信息披露监管规定，始终履行信息披露的法定义务。2023 年，海尔不仅在提高强制性信息披露水平方面做出了努力，而且加大了对公司战略、战略投资并购项目、公司治理、ESG 等境内外投资者和资本市场关注事项的自愿性披露力度。这种自愿性披露不仅包括了基本财务数据和重要经营指标，还涵盖了公司未来发展规划、风险管理、社会责任履行等方面，为投资者和利益相关方提

供更全面、更透明的信息支持。

与此同时，海尔智家在社会责任披露方面也有着显著的表现。公司积极参与健康教育、乡村建设、志愿服务等社区公益事业，并将这些社会责任工作纳入到信息披露的范畴中。具体来说，公司通过单独披露社会责任报告、可持续发展报告或 ESG 报告的方式，向公众和投资者展示了其在社会责任方面的承担和实践。海尔推出了"海洋探索计划"和"种子唤醒计划"，为儿童提供精神关怀和智慧启蒙；深入参与乡村振兴事业，助力美丽乡村建设，提高乡村生产生活水平；积极参与灾情救援与帮扶行动，向受灾群众捐赠物资和现金，展现了海尔智家的社会责任担当和关怀行动。

（案例来源：本案例中的数据来自海尔智家上市公司 2023 年度财务报告。）

思考：请结合会计信息质量特征，分析可持续发展战略下的企业财务信息质量有什么要求？

【分析提示】

会计信息质量要求是对企业财务会计报告中所提供高质量会计信息的基本规范，是使财务会计报告中所提供会计信息对投资者等使用者决策有用应具备的基本特征，主要包括可靠性、相关性、可理解性、可比性、实质重于形式、重要性、谨慎性和及时性等。

"可持续发展"的终极目标是满足人类的需求，不仅是当代人的需求，还包括后代人的需求。可持续发展要求处理好人与自然、人与社会之间的关系，以及经济效益、社会效益和生态效益之间的关系。以人为本和和谐社会成为可持续发展的主题，以此为基础构建的会计信息质量，应当从会计信息使用者的需求出发，更要强调社会责任的披露。

海尔智家在会计信息披露实践中不仅遵守了相关监管规定，并且通过自愿性披露、社会责任披露和 ESG 管理等方面的积极努力，展现了公司在企业社会责任方面的积极姿态和丰硕成果。这些努力提升了公司的信誉和形象，增强了投资者和利益相关方对公司的信任和认可，为公司可持续发展的战略目标的实现提供坚实基础和支持。

综合模拟题一

一、单项选择题（下列每题的选项中，只有一个是正确的，请在答题卡上填涂正确的选项。本题共 20 小题，每小题 1 分，共 20 分，多选、错选、不选均不得分）

1. 下列各项中，不属于流动资产的是（　　）。
   A. 银行存款　　　　　　　　　　B. 预收账款
   C. 原材料　　　　　　　　　　　D. 应收账款

2. 会计要素是根据交易和事项的经济特征对（　　）进行的基本分类。
   A. 会计目标　　　　　　　　　　B. 会计等式
   C. 会计质量特征　　　　　　　　D. 会计对象

3. 下列各项中，不属于会计资产要素特征的是（　　）。
   A. 资产会预期给企业带来经济利益
   B. 资产是过去的交易或者事项形成的
   C. 资产具有实物形态
   D. 资产是企业拥有或者控制的资源

4. 企业在缴纳所得税后可供所有者支配的利润是（　　）。
   A. 营业利润　　　　　　　　　　B. 净利润
   C. 毛利润　　　　　　　　　　　D. 利润总额

5. （　　）是指会计所服务的特定单位或组织，它是对会计工作的空间范围所做的限定。
   A. 会计主体　　　　　　　　　　B. 持续经营
   C. 会计分期　　　　　　　　　　D. 货币计量

6. 会计科目编号的第一位代表了会计要素的类别，其中第一位是"2"代表（　　）。
   A. 资产类　　　　　　　　　　　B. 负债类
   C. 共同类　　　　　　　　　　　D. 所有者权益类

7. 总分类账与明细分类账之间应采用（　　）的方法登记。

  A. 对应登记   B. 同时登记

  C. 平行登记   D. 分别登记

8. 下列不属于自制原始凭证的是（　　）。

  A. 领料单   B. 成本计算单

  C. 入库单   D. 火车票

9. 银行存款的清查就是将（　　）进行核对。

  A. 银行存款日记账与总分类账

  B. 银行存款日记账与银行存款收、付款凭证

  C. 银行存款总分类账与银行存款收、付款凭证

  D. 银行存款日记账与银行对账单

10. 从银行提取现金，应编制（　　）。

  A. 银行存款收款凭证   B. 库存现金收款凭证

  C. 银行存款付款凭证   D. 库存现金付款凭证

11. 银行存款日记账由出纳员根据审核无误的原始凭证填写，一般采取（　　）格式。

  A. 数量金额式   B. 借方多栏式

  C. 三栏式   D. 贷方多栏式

12. 采用备抵法计提坏账准备时，下列各项说法正确的是（　　）。

  A. 企业应在资产负债表日计提坏账准备

  B. 企业应在坏账发生时计提坏账准备

  C. 计提坏账准备时，借记"坏账准备"科目，贷记"信用减值损失"科目

  D. 坏账损失实际发生之后，不得重新转回

13. 预付账款不多的企业，可以采用（　　）科目的借方核算预付账款。

  A. "预收账款"   B. "应收账款"

  C. "应付账款"   D. "其他应付款"

14. 存货发出计价方法中，在物价持续上升时，采用（　　）会使发出的存货成本偏低，利润偏高。

  A. 先进先出法   B. 移动平均法

  C. 加权平均法   D. 个别计价法

15. 下列各项中，属于企业固定资产的是（　　）。

  A. 房地产开发企业开发的待售楼盘

  B. 短期租赁方式租入的资产

  C. 企业购买自用的小轿车

  D. 企业拥有的土地使用权

16. 下列各项计算折旧的方法中，在开始计提折旧时，不需要考虑预计净残值的折旧方法是（   ）。

    A. 年限平均法   B. 工作量法

    C. 双倍余额递减法   D. 年数总和法

17. 以（   ）计量且其变动计入当期损益的金融资产，用"交易性金融资产"科目核算。

    A. 公允价值   B. 重置成本

    C. 可变现净值   D. 现值

18. 企业以银行存款支付广告费 12 000 元，应在实际发生时记入（   ）科目。

    A. 管理费用   B. 销售费用

    C. 财务费用   D. 制造费用

19. 下列各项税中，（   ）不通过"税金及附加"科目核算。

    A. 消费税   B. 城市维护建设税

    C. 增值税   D. 资源税

20. 期末利润分配并结转后，下列账户中，有余额的账户是（   ）。

    A."本年利润"账户

    B."利润分配——未分配利润"账户

    C."利润分配——应付普通股股利"账户

    D."利润分配——提取法定盈余公积"账户

二、多项选择题（下列每题的选项中，至少有两个是正确的，请在答题卡上填涂正确的选项。本题共 **10** 小题，每小题 **2** 分，共 **20** 分，多选、少选、不选、错选均不得分）

21. 会计的基本职能有（   ）。

    A. 会计核算   B. 会计计量

    C. 会计确认   D. 会计监督

22. 所有者权益中的留存收益包括（   ）。

    A. 实收资本   B. 盈余公积

    C. 资本公积   D. 未分配利润

23. 根据会计中关于收入的定义，下列各项中，能够产生收入的有（   ）。

    A. 销售商品   B. 转让固定资产

    C. 提供劳务   D. 出租无形资产

24. 下列各项中，属于企业"生产成本"科目核算范围的有（   ）。

A. 直接材料费用　　　　　　　　B. 直接人工费用

C. 月末分配制造费用　　　　　　D. 期间费用

25. 根据权责发生制原则，下列各项中属于本月度收入的有（　　　）。

A. 预收下季度出租房屋租金　　　B. 收到本月产品销售货款

C. 结转本月劳务收入　　　　　　D. 收到上月原材料销售收入

26. 某项经济业务发生后，若该经济业务中有一项资产减少，则其将引起的变化可能有（　　　）。

A. 另一项资产增加　　　　　　　B. 一项负债增加

C. 一项负债减少　　　　　　　　D. 一项所有者权益减少

27. 下列各项关于会计科目和账户的说法，正确的有（　　　）。

A. 会计科目是账户的名称

B. 账户是根据会计科目设置的

C. 账户拥有一定的结构

D. 账户可以记录经济内容的增减变化和余额

28. 原始凭证按照其填制的手续次数不同，可以分为（　　　）

A. 一次性原始凭证　　　　　　　B. 累计原始凭证

C. 自制原始凭证　　　　　　　　D. 汇总原始凭证

29. 账簿按照其用途不同可以分为（　　　）。

A. 序时账簿　　　　　　　　　　B. 活页账簿

C. 分类账簿　　　　　　　　　　D. 备查账簿

30. 利润表中"营业收入"项目包括的内容有（　　　）。

A. 主营业务收入　　　　　　　　B. 其他业务收入

C. 投资收益　　　　　　　　　　D. 营业外收入

三、判断题（判断对错，答案涂在答题卡上，判断正确涂"A"，错误涂"B"。本大题共 10 小题，每小题 1 分，共 10 分，判断正确得分，判断错误、不做判断不得分）

31. 变现期在一年以上的资产都是非流动资产。　　　　　　　　　（　　　）

32. 制造费用是指企业各生产单位为组织和管理生产所发生的各项间接费用。

（　　　）

33. 资产负债表是反映企业在一定会计期间经营成果的财务报表。　（　　　）

34. 我国所有企业的会计核算都必须采用人民币作为记账本位币。　（　　　）

35. 任何原始凭证都必须经过严格的审核，才能作为记账的依据。　（　　　）

36. 会计期末进行试算平衡时，试算平衡了，也不能说明账户记录绝对正确。

（　　）

37. 永续盘存制一般只适用于一些价值低、品种杂、自然消耗大、进出频繁的材料物资。

（　　）

38. "固定资产"科目用来核算企业持有的固定资产原价。（　　）

39. 企业所有正在使用的无形资产均应该进行摊销。（　　）

40. 我国公司法规定，有限责任公司和股份有限公司应按照净利润的 10% 提取法定盈余公积，当法定盈余公积已达到企业注册资本的 50% 时，可以不再提取。

（　　）

四、业务题（本题要求编制会计分录。将答案写在答题纸上，并标明题号。本大题共 20 小题，每个小题 2 分，共 40 分）

41. 东方公司 20×3 年发生了以下业务，请根据相关业务编制会计分录。

（1）东方公司在现金清查中，发现库存现金比账面现金余额多出 150 元。

（2）经查明，上述现金溢余其中 100 元属于 A 公司，应予以退还，另外 50 元现金溢余原因不明。

（3）东方公司以银行存款支付前欠 B 公司购货款 5 000 元。

（4）东方公司向 C 公司销售某商品 100 件，原售价为 300 元/件，由于是批量销售，东方公司给予了 10% 的商业折扣，增值税为 3 510 元，C 公司给东方公司开具一张 3 个月到期商业承兑汇票支付货款。

（5）3 个月后，上述 C 公司的商业承兑汇票到期，C 公司无力偿还票款。

（6）东方公司采购原材料 D 一批，货款 100 000 元，增值税 13 000 元，款项用银行存款支付，发票账单已收到，材料尚未到达。

（7）东方公司支付上述 D 原材料运费 1 000 元，假设不考虑运费增值税。

（8）上述 D 原材料到达，并验收入库。

（9）东方公司生产甲产品领用 D 原材料 5 000 元，车间消耗 D 原材料 600 元。

（10）东方公司购入不需要安装的生产设备一台，增值税专用发票注明买价 600 000 元，增值税额为 78 000 元，购买过程中发生的运杂费为 2 000 元，设备已经交付使用，假设不考虑运杂费增值税。

（11）东方公司计提本月设备折旧。其中生产车间设备折旧 40 000 元，专设销售部门设备折旧 12 000 元。

（12）东方公司收到 E 投资者投入专利权一项，投资合同约定该设备价值为 230 000 元。

（13）东方公司购买一项非专利技术。该非专利技术价值为 180 000 元，使用寿命为 5 年，预计净残值为 0 元，编制每月摊销该非专利技术的会计分录。

（14）东方公司 20×3 年 4 月 1 日从银行借入 1 000 000 元经营借款，借款合同约定借款期限为 6 个月，年利率为 6%，到期一次还本，利息分月计提，按季支付。编写 4 月 1 日借款取得时的会计分录。

（15）编写上述借款 4 月 30 日计提当月利息费用的会计分录。

（16）计算东方公司当月应交城市维护建设税 49 000 元。

（17）东方公司销售闲置原材料一批，该材料账面价值 8 000 元，售价 10 000 元，增值税 1 300 元，款项收到存入银行。

（18）结转上述销售原材料的成本。

（19）东方公司当年实现利润总额 400 000 元，计算应交所得税费用，假设没有纳税调整。

（20）将所得税费用结转入本年利润。

五、案例分析题（本大题共 2 小题，每小题 5 分，共 10 分）

42. 小张是 A 上市公司新分配来的实习生，分配到了财会部门进行实习。经过一段时间的实习，小张找到公司的财务经理，指出他认为财会部门当前存在的若干问题：（1）A 上市公司的会计政策以及处理方法的选择，多年以来一直没有变化，缺乏创新精神；（2）A 上市公司的会计政策及处理方法的选择，与其他同类企业雷同，难以为 A 上市公司超越其他企业做出贡献。针对上述问题，小张提出了敢为人先，勇立潮头的 A 上市公司财会部门改革提升方案，以及若干具体措施。

根据上述材料，回答以下问题：

小张提出的建议是正确的吗？（2 分）为什么？（3 分）

43. 小王是公司新来的会计，会计主管老李询问他会计当月核算情况，小王说已经完成编制了记账凭证，登记到相关账簿，并全面进行了期初余额、期末余额和本期发生额的试算平衡计算，计算结果均平衡，会计核算结果应该没有问题。老李还是不太放心，对小王的记账内容进行了检查。

根据上述材料，回答以下问题：

老李有没有可能检查出错误？（2 分）如果有可能，会是哪些类型的错误？如果没有可能，解释原因。（3 分）

综合模拟题二

一、单项选择题（下列每题的选项中，只有一个是正确的，请在答题卡上填涂正确的选项。本题共 20 小题，每小题 1 分，共 20 分，多选、错选、不选均不得分）

1. 企业销售产品一批，售价 5 000 元，增值税税率 13%，所有款项均收到，存入银行。实务中，该笔业务应编制的记账凭证类别是（　　）。

    A. 现收字
    B. 银收字

    C. 转字
    D. 银付字

2. 根据所属会计要素分类，下列科目全归属于同一类会计要素的是（　　）。

    A. 交易性金融资产，应收利息，预收账款，制造费用

    B. 累计折旧，利润分配，营业外收入，本年利润

    C. 管理费用，长期借款，销售费用，所得税费用

    D. 在途物资，固定资产，坏账准备，在建工程

3. 应收票据到期，如果因付款人无力支付票款，收款单位应将应收票据转为（　　）。

    A. 应收账款
    B. 应付账款

    C. 其他应收款
    D. 资产减值损失

4. 将现金送存银行，一般应根据有关原始凭证填制（　　）。

    A. 库存现金收款凭证
    B. 银行存款收款凭证

    C. 库存现金付款凭证
    D. 转账凭证

5. 下列各项中，属于自制原始凭证的是（　　）。

    A. 购货发票
    B. 出差住宿费发票

    C. 银行收款通知
    D. 发料凭证汇总表

6. 某企业 11 月期初存货结存数量为 200 件，单价为 8 元；11 月 2 日发出存货 150 件；11 月 5 日购进存货 200 件，单价 8.5 元；11 月 7 日发出存货 150 件。在对存货发出采用先进先出法的情况下，11 月 7 日结存存货的实际成本为

（ ）元。

    A. 800　　　　　　　　　　　　B. 880

    C. 850　　　　　　　　　　　　D. 840

7. 费用类账户贷方登记的是期末结转入（ ）账户的数额。

    A. 生产成本　　　　　　　　　　B. 主营业务成本

    C. 本年利润　　　　　　　　　　D. 主营业务收入

8. 企业发生的下列交易或事项中，会引起会计基本等式两边同增的是（ ）。

    A. 将库存现金存入银行　　　　　B. 购入原材料，货款尚未支付

    C. 预付材料款　　　　　　　　　D. 资本公积转增资本

9. 在借贷记账法下的发生额平衡是由（ ）决定的。

    A. "有借必有贷，借贷必相等"的规则

    B. 平行登记要点

    C. 会计恒等式"资产 = 负债 + 所有者权益"

    D. 账户的结构

10. 某企业 20×3 年 12 月份发生下列支出：（1）年初支付的本年度保险费 3 600 元，本月摊销的金额是 300 元；（2）预付下年第一季度房屋租金 3 000 元；（3）支付本月发生的办公费 800 元；则按照权责发生制要求，该月应确认的费用为（ ）元。

    A. 800　　　　　　　　　　　　B. 1 100

    C. 6 600　　　　　　　　　　　D. 3 000

11. 经查明原因后，应由出纳员赔偿现金短款 200 元，会计分录是（ ）。

    A. 借：其他应收款　　　　　　　　　　　　　200

         贷：库存现金　　　　　　　　　　　　　　　　200

    B. 借：其他应收款　　　　　　　　　　　　　200

         贷：待处理财产损溢　　　　　　　　　　　　200

    C. 借：应收账款　　　　　　　　　　　　　　200

         贷：待处理财产损溢　　　　　　　　　　　　200

    D. 借：应收账款　　　　　　　　　　　　　　200

         贷：库存现金　　　　　　　　　　　　　　　　200

12. 某企业 2 月初的资产总额 35 万元，2 月份发生以下三笔业务：收到外单位前欠货款 10 万元，存入银行；从银行借入款项 5 万元；收到投资者投入的货币资金 7 万元，则该企业 2 月末的资产总额是（ ）万元。

    A. 35　　　　　　　　　　　　　B. 57

    C. 45　　　　　　　　　　　　　D. 47

13. 某公司本月发生如下业务：（1）计提本月短期借款利息 50 000 元；（2）计提本月行政管理部门固定资产折旧 30 000 元；（3）支付生产车间本月水电费 5 000 元。据此计算的下列账户发生额正确的是（　　）。

    A. 其他业务支出 50 000 元　　　　B. 制造费用 5 000 元

    C. 财务费用 5 000 元　　　　　　　D. 销售费用 3 000 元

14. 企业计提坏账准备是（　　）的体现。

    A. 谨慎性　　　　　　　　　　　B. 实质重于形式

    C. 重要性　　　　　　　　　　　D. 权责发生制

15. 下列业务中应该编制收款凭证的是（　　）。

    A. 购买原材料用银行存款支付

    B. 收到销售商品的款项

    C. 购买固定资产，款项尚未支付

    D. 销售商品，收到商业汇票一张

16. 某负债类账户，本期借方发生额为 1 000 元，贷方发生额为 4 200 元，期末余额为贷方 8 000 元，则该账户的贷方期初余额为（　　）。

    A. 6 800 元　　　　　　　　　　B. 5 400 元

    C. 5 600 元　　　　　　　　　　D. 4 800 元

17. 甲公司月末编制的试算平衡表中，全部账户的本月贷方发生额合计为 130 万元，除"银行存款"账户之外的本月借方发生额合计为 104 万元，则银行存款账户（　　）。

    A. 本月借方余额为 26 万元　　　　B. 本月贷方余额为 26 万元

    C. 本月借方发生额为 26 万元　　　D. 本月贷方发生额为 26 万元

18. 甲企业于 20×3 年 4 月 1 日赊销一批商品给乙企业，售价 100 000 元（假定不考虑增值税），甲企业规定的现金折扣条件为 2/10、1/20、n/30；乙企业于 2019 年 4 月 18 日付款，乙企业实际享受的现金折扣为（　　）元。

    A. 1 000　　　　　　　　　　　　B. 2 000

    C. 10 000　　　　　　　　　　　D. 20 000

19. 下列属于静态报表的是（　　）。

    A. 资产负债表　　　　　　　　　B. 现金流量表

    C. 利润表　　　　　　　　　　　D. 所有者权益变动表

20. 下列各项中，不属于营业收入的是（　　）。

    A. 销售商品收入　　　　　　　　B. 销售材料收入

    C. 固定资产出售净收益　　　　　D. 固定资产出租收入

二、多项选择题（下列每题的选项中，至少有两个是正确的，请在答题卡上填涂正确的选项。本题共 10 小题，每小题 2 分，共 20 分，多选、少选、不选、错选均不得分）

21. 下列属于留存收益的有（   ）。

    A. 实收资本   B. 未分配利润

    C. 资本公积   D. 盈余公积

22. 企业发生的下列税费，可以通过"应交税费"科目核算的有（   ）。

    A. 城市维护建设税   B. 企业所得税

    C. 消费税   D. 印花税

23. 属于期间费用的有（   ）。

    A. 制造费用   B. 销售费用

    C. 管理费用   D. 财务费用

24. 下列各项中，关于银行存款余额调节表的说法正确的有（   ）。

    A. 企业银行存款日记账余额加上企业已收、银行未收的款项，减去企业已付、银行未付的款项为调节后的存款余额

    B. 企业银行存款日记账余额加上银行已收、企业未收的款项，减去银行已付、企业未付的款项为调节后的存款余额

    C. 银行存款余额调节表可以作为企业调整银行存款账面余额的记账依据

    D. 如果没有记账错误，经过银行存款余额调节表调节后，企业银行存款日记账余额与银行对账单余额相等

25. 借贷记账法中"借"字表示的内容有（   ）。

    A. 资产的增加   B. 负债的减少

    C. 收入的增加   D. 费用的增加

26. 下列说法正确的有（   ）。

    A. 会计主体假设界定了从事会计工作和提供会计信息的空间范围

    B. 会计人员可以核算和监督所在会计主体的经济业务，也可以核算和监督其他会计主体的经济业务

    C. 法律主体一定是会计主体

    D. 会计主体可以是企业中的一个特定部分，也可以是几个企业组成的企业集团

27. 下列项目中，通过"其他货币资金"科目核算的有（   ）。

    A. 取得由本企业开户银行签发的银行本票

    B. 开出转账支票

    C. 取得由本企业开户银行签发的银行汇票

D. 取得由购货单位签发并承兑的商业汇票

28. 下列（　　）明细账应采用多栏式明细账。

    A. 原材料   B. 生产成本

    C. 管理费用   D. 应付账款

29. 下列有关存货的说法正确的有（　　）。

    A. 存货的成本就是指存货的采购成本

    B. 在物价波动的情况下，用先进先出法计算的期末存货的价值较接近于目前的价格水平

    C. 存货是指存放在企业仓库中的产成品和外购商品

    D. 外购存货在运输途中发生的合理损耗，应计入存货的采购成本

30. 下列属于无形资产的有（　　）。

    A. 非专利技术   B. 商标权

    C. 土地使用权   D. 专利权

三、判断题（请判断下列表述是否正确，并在答题卡上填涂，正确填涂 **A**，错误填涂 **B**。本题共 10 小题，每小题 1 分，共 10 分，判断正确得分，判断错误、不做判断不得分）

31. 目前国际上比较普遍的利润表的格式主要有多步式和单步式两种，为简便明晰起见，我国企业采用的是单步式利润表格式。 （　　）

32. 预收账款不多的企业，可不设置"预收账款"账户，将预收的款项直接计入"应付账款"账户的贷方。 （　　）

33. 收入能够导致企业所有者权益的增加，但导致所有者权益增加的不一定是收入。 （　　）

34. "短期借款"账户既核算短期借款的本金，又核算短期借款的利息。

（　　）

35. 任何时点，企业的资产总额均等于负债与所有者权益总额之和。（　　）

36. 在途物资账户期末贷方余额表示尚未收到的在途物资的实际成本。

（　　）

37. 企业对于确实无法支付的应付账款应计入资本公积。 （　　）

38. 通过试算平衡可检查账簿记录，但借贷平衡不能肯定记账绝对准确无误。

（　　）

39. 资产负债表是反映企业某一时点经营成果的报表。 （　　）

40. 在存在商业折扣的情况下，企业应收账款的入账金额应按照扣除商业折扣以后的实际售价确认。 （　　）

四、计算题（将答案写在答题纸上，并标明题号。本题共 2 小题，每小题 4 分，共 8 分）

41. 20×3 年 1 月份红宇公司甲材料期初结存、购入和生产领用情况汇总如下：

（1）1 月 1 日：期初结存 80 公斤，单位成本 20 元。

（2）1 月 6 日：购入 80 公斤，单位成本 24 元。

（3）1 月 10 日：生产领用 120 公斤。

（4）1 月 26 日：购入 40 公斤，单位成本 28 元。

（5）1 月 30 日：生产领用 20 公斤。

要求：采用加权平均法计算 1 月份甲材料加权平均单位成本和月末结存材料的成本。

42. 某企业有生产设备一台，其账面原价为 80 000 元，预计使用年限为 5 年，预计净残值为 2 000 元。

要求：（1）采用年限平均法计算该生产设备第二年应提折旧额。

（2）采用年数总和法计算该生产设备第二年应提折旧额。

五、业务题（本题要求编制会计分录。将答案写在答题纸上，并标明题号。本题共 3 小题，其中第 43 题 6 分，第 44 题 18 分，第 45 题 8 分共 32 分）

43. 甲企业为增值税一般纳税人，要求做出甲公司发生如下经济业务的会计分录：

（1）20×3 年 2 月 8 日，甲公司对外售出一批产品，货已发出，开出的增值税专用发票上注明的货款为 60 000 元，增值税税额 7 800 元，甲公司收到购货单位开出的银行承兑汇票一张，票面金额 67 800 元，期限两个月。

（2）公司账面资料显示，该批对外售出的产品成本是 50 000 元。

（3）两个月后，上述票据到期，甲公司按票面金额收回款项，存入银行。

44. 大华公司 20×3 年 4 月发生的部分经济业务如下，要求做出会计分录：

（1）管理部门员工李健出差归来，原借款 4 000 元，现报销 3 500 元，剩余 500 元现金交回。

（2）大华公司为增值税一般纳税人，原材料采用实际成本计价核算。大华公司从供货方光明公司购进一批材料，取得的增值税专用发票上注明的材料价款为 30 000 元，增值税税额 3 900 元，大华公司开出一张面值为 33 900 元，期限为 3 个月的商业承兑汇票，材料已验收入库。

（3）购入需要安装的生产设备一台，取得的增值税专用发票上注明的设备买价为 700 000 元，增值税税额为 91 000 元，发生的包装费为 5 000 元，上述款项均用转账支票支付。

（4）向外单位预定材料，用银行存款预付材料款 5 000 元。

（5）计提本月固定资产折旧，其中：生产车间用固定资产折旧 1 500 元，行政管理部门用固定资产折旧 2 000 元，共计 3 500 元。

（6）月末根据"发料凭证汇总表"的列示，本月原材料消耗 100 000 元，其中：生产车间生产 A 产品耗用 60 000 元，生产 B 产品耗用 30 000 元，车间一般耗用 5 000 元，行政管理部门耗用 3 000 元，专设销售机构耗用 2 000 元。

（7）月末根据"工资费用分配表"的列示，应付本月份职工工资共计 150 000 元，其中：车间专门为生产 A 产品的工人工资 50 000 元，专门生产 B 产品的工人工资 40 000 元，车间管理人员工资 10 000 元，行政管理人员工资 30 000 元，专设销售机构人员工资 20 000 元。

（8）月末结转本月实现的各项收入，其中：主营业务收入 1 000 000 元，其他业务收入 200 000 元。

（9）月末结转本月发生的各项费用，其中：主营业务成本 600 000 元，其他业务成本 50 000 元，管理费用 10 000 元，销售费用 20 000 元，税金及附加 30 000 元。

45. 资料：甲企业 20×3 年实现的净利润 500 000 元，其利润分配方案如下：按照净利润 10% 的比例提取法定盈余公积，向投资者分配普通股现金股利 200 000 元。

要求：根据上述资料编制甲企业如下会计分录（要考虑明细科目）：

（1）结转净利润的会计分录；

（2）提取法定盈余公积的会计分录；

（3）分配普通股现金股利的会计分录；

（4）结转"利润分配"所属各明细账户余额的会计分录。

六、案例分析题（分析材料，将答案写在答题纸上并标明题号，本题共 2 小题，每小题 5 分，共计 10 分）

材料：某会计师事务所是由王林、刘力出资成立的，20×3 年 6 月份发生了下列三笔经济业务，并由会计做了相应的处理：6 月 5 日，王林从事务所出纳处拿了 300 元现金给自己的孩子买玩具，该事务所会计将 300 元记为事务所的办公费支出，理由是，王林是该事务所的合伙人，事务所的钱也有王林的一部分；6 月 10 日，事务所用银行存款 10 000 元购买了一台电脑，用于办公，该事务所会计将这 10 000 元的支出一次性全部记入当月管理费用；6 月 29 日，事务所收到一笔客户预付的下半年审计费 20 000 元，会计将这 20 000 元记入 6 月份的收入。

根据材料分析：

46. 你认为该事务所会计对上述三笔经济业务处理是否正确？若不正确，说明理由。

47. 该事务所会计对上述三笔经济业务处理对其当期的财务报表会造成什么影响？

综合模拟题一　参考答案

一、单项选择题（本大题共 20 小题，每小题 1 分，共 20 分）

1. B	2. D	3. C	4. B	5. A	6. B	7. C
8. D	9. D	10. C	11. C	12. A	13. C	14. A
15. C	16. C	17. A	18. B	19. C	20. B	

二、多项选择题（本大题共 10 小题，每小题 2 分，共 20 分）

21. AD	22. BD	23. ACD	24. ABC	25. BC	26. ACD	27. ABCD
28. ABD	29. ACD	30. AB				

三、判断题（本大题共 10 小题，每小题 1 分，共 10 分）

31. B	32. A	33. B	34. B	35. A	36. A	37. B
38. A	39. B	40. A				

四、业务题（共 40 小题，每个小题 2 分，共 40 分）

41.（1）借：库存现金　　　　　　　　　　　　　　　150

　　　　贷：待处理财产损溢　　　　　　　　　　　　　　　150

（2）借：待处理财产损溢　　　　　　　　　　　　　150

　　　　贷：其他应付款　　　　　　　　　　　　　　　　100

　　　　　　营业外收入　　　　　　　　　　　　　　　　　50

（3）借：应付账款　　　　　　　　　　　　　　　5 000

　　　　贷：银行存款　　　　　　　　　　　　　　　　5 000

（4）借：应收票据　　　　　　　　　　　　　　305 100

　　　　贷：主营业务收入　　　　　　　　　　　　　270 000

　　　　　　应交税费——应交增值税（销项税额）　　35 100

（5）借：应收账款　　　　　　　　　　　　　　305 100

　　　　贷：应收票据　　　　　　　　　　　　　　　305 100

（6）借：在途物资　　　　　　　　　　　　　　　　　　100 000

　　　应交税费——应交增值税（进项税额）　　　　13 000

　　　　贷：银行存款　　　　　　　　　　　　　　　　　　113 000

（7）借：在途物资　　　　　　　　　　　　　　　　　　1 000

　　　　贷：银行存款　　　　　　　　　　　　　　　　　　1 000

（8）借：原材料　　　　　　　　　　　　　　　　　　101 000

　　　　贷：在途物资　　　　　　　　　　　　　　　　　　101 000

（9）借：生产成本　　　　　　　　　　　　　　　　　　5 000

　　　制造费用　　　　　　　　　　　　　　　　　　600

　　　　贷：原材料　　　　　　　　　　　　　　　　　　5 600

（10）借：固定资产　　　　　　　　　　　　　　　　　602 000

　　　　应交税费——应交增值税（进项税额）　　　78 000

　　　　　贷：银行存款　　　　　　　　　　　　　　　　680 000

（11）借：制造费用　　　　　　　　　　　　　　　　　40 000

　　　　销售费用　　　　　　　　　　　　　　　　　12 000

　　　　　贷：累计折旧　　　　　　　　　　　　　　　　52 000

（12）借：无形资产　　　　　　　　　　　　　　　　　230 000

　　　　　贷：实收资本　　　　　　　　　　　　　　　　230 000

（13）借：管理费用　　　　　　　　　　　　　　　　　3 000

　　　　　贷：累计摊销　　　　　　　　　　　　　　　　3 000

（14）借：银行存款　　　　　　　　　　　　　　　　1 000 000

　　　　　贷：短期借款　　　　　　　　　　　　　　　1 000 000

（15）借：财务费用　　　　　　　　　　　　　　　　　5 000

　　　　　贷：应付利息　　　　　　　　　　　　　　　　5 000

（16）借：税金及附加　　　　　　　　　　　　　　　　49 000

　　　　　贷：应交税费　　　　　　　　　　　　　　　　49 000

（17）借：银行存款　　　　　　　　　　　　　　　　　11 300

　　　　　贷：其他业务收入　　　　　　　　　　　　　　10 000

　　　　　　应交税费——应交增值税（销项税额）　　1 300

（18）借：其他业务成本　　　　　　　　　　　　　　　8 000

　　　　　贷：原材料　　　　　　　　　　　　　　　　　8 000

（19）借：所得税费用　　　　　　　　　　　　　　　100 000

　　　　　贷：应交税费——应交所得税　　　　　　　100 000

（20）借：本年利润　　　　　　　　　　　　　　　　100 000

贷：所得税费用　　　　　　　　　　　　　　　100 000

五、案例分析题（本大题共 2 小题，每小题 5 分，共计 10 分）

42. 说法不正确。（2 分）会计核算方法应具有可比性，自己的处理方法应前后一致，和同类企业应基本相似。（3 分）

43. 老李有可能检查出错误（2 分），试算平衡不能确保正确，重记，漏记，记反等可以抵消的错误都不能通过试算平衡检查。（3 分）

注：本题可根据考生结合材料进行分析的程度酌情给分。

综合模拟题二　参考答案

一、单项选择题（本大题共 20 小题，每小题 1 分，共 20 分）

1. B	2. D	3. A	4. C	5. D	6. C	7. C
8. B	9. A	10. B	11. B	12. D	13. B	14. A
15. B	16. D	17. C	18. A	19. A	20. C	

二、多项选择题（本大题共 10 小题，每小题 2 分，共 20 分）

21. BD	22. ABC	23. BCD	24. BD	25. ABD	26. ACD	27. AC
28. BC	29. BD	30. ABCD				

三、判断题（本大题共 10 小题，每小题 1 分，共 10 分）

31. B	32. B	33. A	34. B	35. A	36. B	37. B
38. A	39. B	40. A				

四、计算题（本大题共 2 小题，每小题 4 分，共 8 分）

41. 加权平均单位成本 = $(80 \times 20 + 80 \times 24 + 40 \times 28)/(80 + 80 + 40) = 23.2$（元/公斤）（2 分）

月末结存材料的成本 = $(80 + 80 - 120 + 40 - 20) \times 23.2 = 60 \times 23.2 = 1\,392$（元）（2 分）

42. （1）$(80\,000 - 2\,000)/5 = 15\,600$（元）（2 分）

（2）$(80\,000 - 2\,000) \times 4/15 = 20\,800$（元）（2 分）

五、业务题（本大题共 3 小题，其中第 43 题 6 分，第 44 题 18 分，第 45 题 8 分，共 32 分）（答案中每个会计分录 2 分，共 32 分）

43. （1）借：应收票据　　　　　　　　　　　　67 800

　　　贷：主营业务收入　　　　　　　　　　　　　60 000

　　　　　应交税费——应交增值税（销项税额）　　7 800

（2）借：主营业务成本   50 000

    贷：库存商品   50 000

（3）借：银行存款   67 800

    贷：应收票据   67 800

44.（1）借：管理费用   3 500

    库存现金   500

    贷：其他应收款   4 000

（2）借：原材料   30 000

    应交税费——应交增值税（进项税额）   3 900

    贷：应付票据   33 900

（3）借：在建工程   705 000

    应交税费——应交增值税（进项税额）   91 000

    贷：银行存款   796 000

（4）借：预付账款   5 000

    贷：银行存款   5 000

（5）借：制造费用   1 500

    管理费用   2 000

    贷：累计折旧   3 500

（6）借：生产成本——A 产品   60 000

    ——B 产品   30 000

    制造费用   5 000

    管理费用   3 000

    销售费用   2 000

    贷：原材料   100 000

（7）借：生产成本——A 产品   50 000

    ——B 产品   40 000

    制造费用   10 000

    管理费用   30 000

    销售费用   20 000

    贷：应付职工薪酬   150 000

（8）借：主营业务收入   1 000 000

    其他业务收入   200 000

    贷：本年利润   1 200 000

（9）借：本年利润   700 000

      贷：主营业务成本   600 000

            其他业务成本   50 000

            管理费用   10 000

            销售费用   20 000

            税金及附加   30 000

45.（1）借：本年利润   500 000

           贷：利润分配——未分配利润   500 000

    （2）借：利润分配——提取法定盈余公积   50 000

           贷：盈余公积——法定盈余公积   50 000

    （3）借：利润分配——应付普通股股利   200 000

           贷：应付股利   200 000

    （4）借：利润分配——未分配利润   250 000

           贷：利润分配——提取法定盈余公积   50 000

                      ——应付普通股股利   200 000

六、案例分析题（本大题共 2 小题，每小题 5 分，共计 10 分）

46. 三笔业务会计处理都有错误：第一笔业务会计处理主要违背了会计主体假设；第二笔业务事务所购买的办公电脑应该计入固定资产，不应全部计入当期费用；第三笔业务会计处理不符合权责发生制。（5 分）

47. 第一笔业务会计处理会使费用增加，虚列开支。第二笔业务处理使企业当期的费用虚高，利润调低；第三笔业务处理使当期收入虚增，利润虚增。（5 分）

注：本题可根据考生结合材料进行分析的程度酌情给分。